JN057997

図解で実践するブランド戦略

ブランディングの専門家 **松下一功** 著
IKKO MATSUSHITA

共感ブランディング®ドリル

記入式で、すぐに成果を出せる。

あなたも商品も、最強のブランドになる

セルバ出版

ブランド価値は、あなたの中にある

まえがき

◆2つの質問

　私が今のように、講演やセミナーを重視した活動をしはじめたのは、2011年ですが、当時から冒頭でよく使うアイスブレイクがあります。

　それが、2つの質問です。

質問1「あなたの仕事は何ですか?」

質問2「あなたの商品やサービスを選ぶ理由は何ですか?」

　さて、あなたはどう答えますか?

　質問1、仕事は「自動車販売」「洋菓子専門店」「経営コンサルタント」「会計士」「グラフィックデザイナー」「保険販売」……といった感じでしょうか?　こちらは多くの方が、比較的あっさりとお答えになります。

　では質問2、選ばれる理由は?……「〇〇年の実績」「〇〇賞をもらった」「業種を問わず幅広く対応」「念入りなヒアリングで着実な提案」「親身に寄り添う姿勢」等々……。

　面白いことに、多くの方はこちらの質問には熟考し、言葉を選び、時に詰まりながらも時に力強く、人によっては饒舌に、しっかりとプレゼンテーションされます。まるでこれから始まる講演やセミナーにとって、こちらの質問こそが神髄であるかのように。

　あなたはもうお気づきですか?　この2つの質問、それぞれの真意を。

質問1は、あなた自身の価値が知りたくて聞いています。

質問2は、あなたが扱う商品サービスの市場価値を聞いています。

　なぜ多くの方は1の答えがあっさりなのに、2の答えには、真剣に慎重に向き合うのでしょうか?

◆マーケティングとブランディング

　多くの方は、商品やサービスを販売する時、その優位性の説明に血眼になります。いかに性能や味がよく、いかに市場性があるかを。

　つまり2の質問の答えに力がこもるのは、市場に向けて商品を売りたいからですね。これこそがマーケティング。あなたは市場を見て言葉を探しています。「そんなの当たり前だろ！」うーん、果たしてそうでしょうか？

　少し考えてみましょう。私はギターが趣味で、ストラトキャスターというエレキギターを愛用しています。この製品の独創性は多くのミュージシャンを魅了していますが、メーカーのルーツはラジオ修理会社だったようです。だからこそギターの常識にとらわれない、独創的な製品を世に出せたのかもしれませんね。

　当たり前ですが、商品がユニークなのは、それをつくった会社がユニークだからです。

　もしこの会社の創業者に1の質問をしたら、「私は電気技術者として、ギターの常識を変え続けています」と答えるかもしれません。

　「うちのギターは独創的で革新的です」とは、どこのメーカーだって語りそうなことですが、「うちはルーツがラジオだから、他のギターメーカーとは発想が違う！」とは他のメーカーは言えませんよね。

　これこそがブランディング。ブランド価値は商品そのものではなく、それを創り上げたり、取り扱ったりする人達にあるのです。
　でも多くの人は、（しかも販売促進や営業職の方でさえも）、1の質問に無頓着。自分のことを語ろうともしません。
　さて、あなたはいかがですか？

◆ブランド価値は、あなたの中にある

　本書を使ってあなたが見つけるのは、あなたが販売したり、お勧めする商品サービスの価値ではなく、あなた自身の価値です。

　実は大手企業だって（というか大手企業ほど）自分たちが何者で、何をするために存在し、世の中をどうしたいのか。深く内省しています。

　私のコンサルティングは、相手が誰であれ、その方の過去をしっかり振り返り、その行動から価値を見いだし、その価値を活かし何をすべきか。寄り添って、伴走します。

　そのプロセスを 2002 年に体系化し、現在までブラッシュアップし続けてきました。その体系的なプロセスをドリルとしてまとめたのが本書です。

「ブランド価値は、あなたの中にある」

　ブランディングは体のいいイメージ戦略でも、認知や知名度だけを追求するものではありません。自己確立そのものです。

　本書が、あなたのビジネスや人生を、革新する一助となることを、心より願っております。

2023 年 10 月
ブランディングの専門家　松下一功

推奨「正しいブランディングを伝える」

「何このおじさん、めちゃくちゃすごい！」

松下一功さんと初めて会ったのは、2019年6月に開催されたクリエイター向けのブランディング講座でした。

20代半ばで「フリーライターになろう」と思った私は、派遣社員として制作会社や大手企業のインハウスを渡り歩き、編集、ライター、web編集、webディレクターの基礎を学び、2017年にフリーランスに転身しました。

松下さんと出会ったのは、ちょうど3年目に入った頃です。「今後、どうしたら長くフリーランスとして活動できるのか」を日々模索していました。

世の中的にも「マーケティングも大事だけど、それよりもブランディングをしっかりしよう」という認識が、漠然と広まりつつあった時期です。

しかし、実際に出回っていたのは、一個人のカリスマ性やマンパワーに頼った再現性の低い方法、誰もが思いつくような応急処置的な情報、ブランディングという名のマーケティングのノウハウといったものが多かったと記憶しています。

大手広告代理店の下で、有名企業のセールスプロモーション事業に従事し、ブランディングとはなんたるかを現場で学んでいた私には、どれもしっくり来なかったのです。

そんなときに出会ったのが、松下さんが体系化した「共感ブランディン

グ」でした。

　しっかり地に足がついた理論で、お話には一本筋が通っていて、どこにも矛盾がなく、誰でも再現できる。まさに、目から鱗がポロポロ状態でした。（冒頭の感想へ戻る）

　「これは世の中に広めなければ！」と思い、急いで書籍の企画書をつくって松下さんに提案しました。

　しかし、これまでに思うような出版機会に恵まれなかったことで、松下さん自身があまり積極的になれなかったことと、ブランディングの認知度は広まりつつも、重要性はそれほど高まっていないこともあり、すぐに頓挫してしまいます。

　その後、「松下さんのブランディング理論に間違いはない」と確信していた私は、あるビジネス系のニュースサイトでブランディングの観点から見た解説コラムの監修をお願いしました。

　テーマは、その時に社会で起こっていた出来事です。有名飲食チェーン店のお家騒動問題や外様社長が陥りがちな“失敗改革”といった硬いものから、有名テーマパークの大量リストラがもたらす意味、高級食パンブームの先行きを占う柔らかいものまで、様々ありました。

　松下さんは、それらの問題をブランディングの観点から丁寧にひも解いていき、さらに解決策まで導き出したのです。サイト内のランキングの常連にもなり、私たちは諸手を上げて喜びました。

　しかし、松下さんの理論を形にしたコラムが、世の中の興味を引いているということは、新型コロナウイルスによる変化に対応しきれていない会社が存在するということです。

強制的な営業スタイルの変更から始まったコロナショックの影響は大きく、いまだに縮小や倒産を余儀なくされる会社は後を絶ちません。

　最近では、原材料費の高騰やIT化による人員削減といった問題も浮上しています。経営の先行きが明るい企業は少ないでしょう。

　そんな未曽有の危機的状況を打破しようと、様々な業界でブランディングの必要性が急速に認められつつあります。

　「会社を継続するには、自社の価値観や信念を確立して、それをまわりに共有し、理解者を増やしていかなければならない」と囁かれるようにもなりました。

　これは、松下さんが2011年にはじめた「共感ブランディング」の根本です。

　そして今こそが、松下さんのミッションである「正しいブランディングを伝える」タイミングだと思い、20年以上をかけて培ってきたノウハウの公開に踏み切りました。

　本書を読むことで自身のブランディングを確立して、経営に明るい兆しが見えてくる人が少しでも増えることを願っています。

安倍季実子

図解で実践するブランド戦略　共感ブランディング®ドリル

目次

共感ブランディング®誕生秘話

1. 画才に恵まれない劣等感から、
　　幼少よりコンセプターを目指す

広告企画・コンセプトが不可欠

　私にとって広告とは、生まれた時からそばにあり、切り離すことのできない大切なものでした。

　画才に恵まれ、大手広告代理店に勤務する父と、美術や洋裁の道を歩む母の間に生まれ育てられた私は、幼い頃から子役モデルとして広告業界に出入りしていました。また物心ついた頃には、すでに絵についての英才教育を受けていたこともあり、自然と業界への想いや夢を募らせていました。

　しかし、なぜか家族の中で私だけが、画才に恵まれませんでした。

　特に、ことあるごとにコンテストや大会で受賞する弟には強い劣等感を抱いており、そのときの辛い思い出は、今でも時々頭をよぎります。

　やがて、小学生時代から読みあさっていた、父の本棚に並ぶデザイン専門誌に書かれていたマーケティング理論に興味を持つようになります。

「広告デザインは画力だけが大事なのではなく、その前段階のコンセプト設定がそのよし悪しを決めるんだ」

　幼心ながら、広告には企画・コンセプトが欠かせないと気づいた私は、その能力を磨き生き抜くことを決意し、その後のバブル期に業界入りします。

画才に恵まれない劣等感から、幼少よりコンセプターを目指す

S42.頃からの、子役モデル経験

両親や弟に備わる画才に、何故か自分は恵まれず

企画コンセプトで生き抜くことを決め、バブル期に業界入り

2. 大手チェーン店インストアプロモーションで、特に高い評価を獲得

ターニングポイントとなった仕事

　業界入りした私のターニングポイントとなった仕事が、某大手チェーン店のインストアプロモーションのプロジェクトです。

　時は2001年。当時のセルフ販売の最先端だったアメリカで視察調査をするため、ロス・サンディエゴに滞在し、当時の人気流通施設を複数調査しました。

　プライスカードやポップの書き方、色の使い方、売り場の設計、棚に置かれた商品の並びや区分けの仕方、店を訪れた客の導線など、大きなことから小さなことまで、実に様々なことを調べました。

　このときに撮った写真の数は、約1300枚。また、同時に記録した現地メモをベースに、国内流通チェーン店のインストアプロモーションのハウツーを体系化し、実施しました。

　さらに、戦略策定のみならず、チラシ類やポップ類も制作しました。

　川上から川下まで。つまりコンセプト立案から販売店のPR業務までを一貫したことが高い評価に繋がり、この仕事を機に、マーケッター、コンセプターとしての業務が急増していきます。

　幼少よりマーケティングを追求してきたスタンスと、その後、現場デザイナーとしてたたき上げてきた制作者としての実務経験が、いい形で融合した結果でした。

大手チェーン店インストアプロモーションで、特に高い評価を獲得

海外調査	
競合調査	
チラシ調査	
店頭プロモ企画	
マニュアル策定	

海外視察の様子と手書き記録現場メモ

インストアプロモーションの体系化を担当

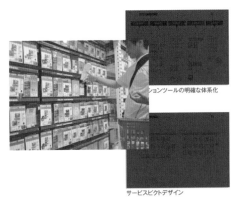

ションツールの明確な体系化

明瞭性を強化した分類サイン

サービスピクトデザイン

プライスカードの体系付けとデザイン

案内ピクトデザイン

PBマークの作成

3. 川上から川下まで一貫した調査で、
大型プロジェクトに深く関わる

一貫企画の定着に努める

　某大手チェーン店のインストアプロモーション企画と、その成果に手応えを感じた私は、マス媒体や折込広告における、メーカーや販売元と販売現場のスタンスの乖離に焦点を当てた考察を深めていきます。

　その理由は、企業の川上ともいえる経営戦略・企画経営を担当する部署は、川下に当たる現場スタッフが求めているPRツールや顧客の興味を惹く広告表現への肌感覚が乏しく、専門誌などが紹介する華々しい事例も、同様の傾向があり、実行力のある施策を捉えきれていなかったからです。

　さらに、関わるクリエイターも、こうした地べたを這うようなクリエイションを遂行するノウハウや胆力がなく、川上と川下の乖離は一向に縮まらないと感じました。

　そんなこともあり、事例や戦略資料が乏しい折込チラシを、全業界に渡って集め、独自に分類・分析を続けることが日課だった私に、超大手メーカー＆販社網の告知戦略コンペの話が舞い込みました。

　このまたとないチャンスに、得意の川上から川下までの一貫企画と、収集した広告サンプリング分析を共に提案。その中核戦略としての採用を勝ち取ったのです。

　こうしてメーカー側の立場から、販社の現場調査、大がかりなアンケートや広告審査、アセスメント等に広く深く携わり、一貫企画の定着に努める日々がはじまりました。

川上から川下まで一貫した調査で、大型プロジェクトに深く関わる

告知戦略のマニュアル化

広告表現の位置付け

表現戦略の指針解説

表現手法の構成の変更

表現手法の解説

表現手法の解説

表現手法の解説

基本事項の解説

チラシの制作例

チラシの制作例

新聞広告の制作例

コピー制作の解説

チェックリスト

競合調査

広告イメージ
アンケート

広告審査

販社告知
監修

マニュアル
策定

SPキット
制作

広告評価・分析

ポイント評点シート（当社にて作成）

採点シート（当社にて作成）

ポイント評点シート（当社にて作成）

アンケート調査結果（調査会社にて作成）

コンテストの実施にあたり
コンサルティングの視点なり
採点基準も明確化。

4. 大手ブランド差別化戦略の苦悩から生まれた、 共感ブランディング ®

ブランド価値は商品にあるとは限らない

　自身のコンセプター経験の中で、もっとも難解だったプロジェクトです。しかし、今となっては共感ブランディングの輪郭を明確にするために必要なプロジェクトだったと思っています。

　それは、2002 年頃のこと。性能やデザインがほぼ変わらない車種ブランドを、差別化する戦略の相談からはじまりました。

　当時は、商品のよさを素材や機能性、また価格で優劣をつけることが当たり前でした。そこにやってきた、性能やデザインがほぼ同じ 2 ブランドの差別化と販売戦略を考えてほしいという難題に、私は激しく頭を悩ませました。

　しかし、2 ブランドのリサーチを重ねるうちに、それぞれの商品が企画された経緯や歴史、また込められた想いは全く異なるものだと気づきました。

　そのときに、ブランド価値は商品にあるとは限らない。仮に同じような製品でも、使命が違えば違うブランドであり、そこを訴求するべきなのだという結論にいたりました。

　使命が違えば、訴求する層や伝えるべきポイントが変わります。性能やデザインがほぼ変わらなかった 2 ブランドは、見事に性格の全く異なる 2 ブランドとして展開されました。

　この考え方は、私が掲げる共感ブランディング戦略の基本的な概念の中核となりました。そして現在に至るまで、自身で体系化したこのロジックをブラッシュアップし続けています。

大手ブランド差別化戦略の苦悩から、共感ブランディング® が生まれる

市場意識調査

仮説想定

企画策定

マニュアル
策定

SPキット
制作

全国ブランド展開マニュアル

当時の筆者

共感ブランディング®ロジックを体系化

　　　　共感ブランディング®ドリル

5. 正しいブランディングを伝える

ブランディングは広報活動やイメージアップ戦略ではなく、自己確立

　当時、私や関係者の事業は絶好調でした。ブランド戦略やコンセプトの立案を主軸としながらも、特に広告クリエイティブ関連から、幅広く受注は増え続け、事業規模も毎年拡大していました。

　そんな矢先です。2008年、リーマンショックが業界を襲います。それまで成長し続けたプロモーション関連の仕事は激減し、仲間達は次々と廃業していきました。私の事業も危機を迎えます。

　1／3から1／10まで一気に売上が落ち込む中、私は悩み続けます。「自分は必要とされていないのだろうか?」と。

　苦悩の中、大きな気づきがありました。自身が関わったり、研究したブランドや企業の多くは、決して順風満帆で今日の地位を得たのではない。危機や転機を迎える度に、普遍的なブランド価値に立ち返り、時には商品サービスを変革・転身させながらも、ブランドとして輝き続けている。

　それらのブランド経営を研究したり、その過程に関わりながら、自分自身のブランディングが全くできていなかった。

　その後、私は自分が成すべきことにもう一度立ち返るために、自らのロジックに自分を当てはめながら、内省し、自己確立を図ります。

　そして自身の強みであり、専門分野であるブランディングに特化し、2011年から、セミナー講演や講師活動をはじめ、共感ブランディングの普及に努めます。

　自身や関係者、お客さまのブランド価値を確立し、強い経営基盤を創る。そして真の人生に気づいてもらう。ブランディングは単なる広報活動やイメージアップ戦略ではない。自己確立そのものである。「正しいブランディング」を伝えることが、私のミッションであり、ライフワークだと確信しました。

正しいブランディングを伝える

セミナー講演活動開始当時

セミナー活動

講師活動

コンサルタント

研修講師

経営相談員

大手コンサルティング会社での講師活動

ブランド価値は商品そのものにあるとは限らない

共感ブランディング® とは

・・・

基本編

本書で公開する「共感ブランディング® ロジック & シート」は、
多くの方の自己実現とブランド価値向上のため、
著作購入者が、自身のために活用することを許可・推奨します。
しかしながら、営利目的利用や転用、第三者への応用等は
一切認めませんので、ご留意ください。

1．ブランドの謎

①最初はただの識別記号

　共感ブランディングについて伝える前に、「ブランドとは一体何なのか」を考えてみましょう。

　ブランドの起源は、牧場で所有している牛につける焼き印であるというのが、有力な説とされています。つまり最初はただの識別記号であったわけです。

　やがて、この記号は様々な場面で活用されるようになります。焼き印のある牛の乳からできたミルク缶にも、牛と同じ焼きが記されたのも、１つの例です。

　このように、自分の所有物はもちろん、一目で自分たちのつくった商品だとわかるように、識別記号をつけていったのです。

識別記号

識別記号

②単なる識別記号が、価値を象徴する記号へ

　やがてこの識別記号は、商品の製造方法、オーナーの人柄、事業の歴史といった、目には見えない複数の事柄を象徴する役割を担うようになりました。

　ただの識別記号が、商品の価値を表す象徴となった結果、ブランドマークとして１人歩きをはじめ、商品の優位性を説明しなくても、消費者が自ら選び、手に取り、商品が勝手に売れていくようになったのです。

単なる識別記号が、価値を象徴する記号へ

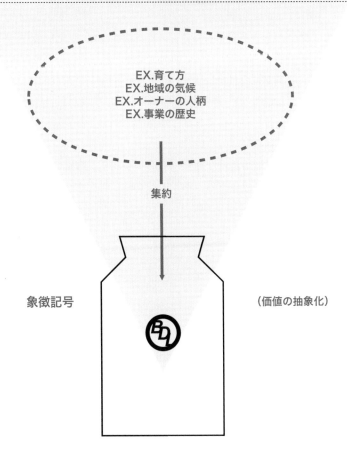

EX.育て方
EX.地域の気候
EX.オーナーの人柄
EX.事業の歴史

集約

象徴記号　　　　　　　　　　　　　　　（価値の抽象化）

③記号消費という現象

　この「ブランドマーク１人歩き」の極端な事象が、「記号消費」です。

　バブル期によく見られた現象で、有名アパレルブランドのマークが付いているということだけで、敷物や食器セットなども飛ぶように売れました。冷静に考えると、やや本末転倒な消費現象に思えるでしょう。

　円高・好景気といった様々な要因もありますが、肯定的に捉えれば、そのブランド自体のブランド力（信頼感や価値）が絶大に発揮されたといえます。

記号消費という現象

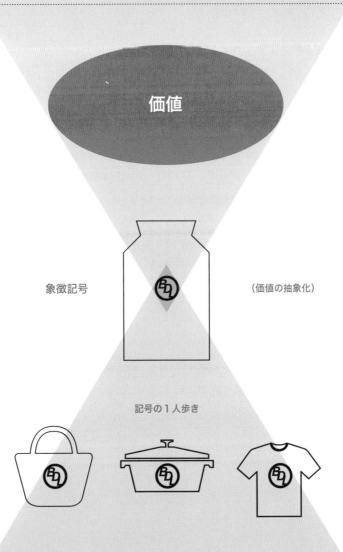

価値

象徴記号　　　　　　　　　　　　　（価値の抽象化）

記号の１人歩き

2. ブランドの教訓

①選ばれる理由は商品力？

マーケティング界の教訓的な逸話の1つに、「ペプシパラドクス」があります。

これは、ペプシコ社が行った「ペプシ・チャレンジ」というキャンペーンで、一般消費者にペプシ・コーラとコカ・コーラを飲み比べて、投票してもらうという CM 企画に端を発しています。

「ペプシパラドクス」については様々な見解がありますが、著者なりに簡単に解説すると、ペプシ・コーラとコカ・コーラのブランド名を伏せて飲み比べると、ペプシ・コーラを評価する人が多いのに関わらず、ブランド名を伏せないで飲むと、コカ・コーラの評価が高まったというエピソードです。

この事実により、ブランドイメージは、時に味の好みさえも超えることが、業界に教訓として刻まれました。

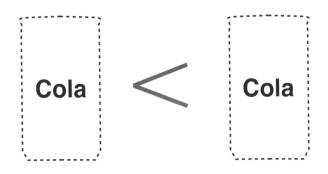

ペプシパラドクス

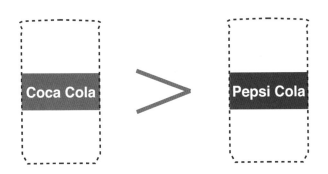

②価値観は味覚を超える？

　なぜ、ブランド力は味覚よりも優位になったのでしょうか？

　一説によると、ブランド名を見ずに飲むときとブランド名を見て飲むときとでは、反応している脳の場所が違うためだとされています。

　最近の研究では、ブランドを認知すると、海馬と背外側前頭前野（はいがいそくぜんとうぜんや）が反応することが、わかってきました。

　海馬は記憶に関わる領域で、一方の背外側前頭前野は、予測された価値や記憶された価値、ワーキングメモリー（作動記憶）に関わる領域です。

　つまり消費者は、ブランドを認知したときに、実際の商品機能（味や品質）以外の部分で、その優越をつけることがあるのです。

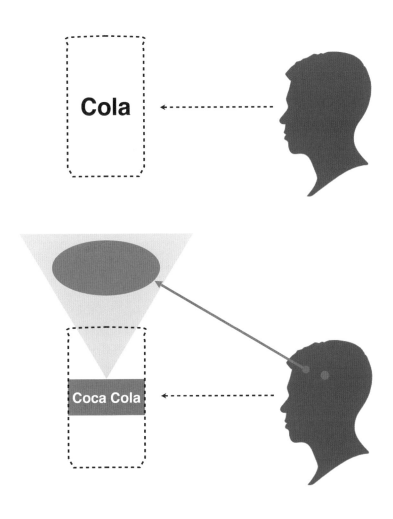

③差別化の正体

　時に、味覚をも超越する力を持つブランドですが、その力を正しく発揮するには、絶対に外せないポイントがあります。それは、「ブランド価値は商品そのものにあるとは限らない」という考え方です。

　例えば、高い優位性を持つ商品を市場に参入させたとしましょう。はじめはいいかもしれませんが、次第に他社が追随してきたり、その商品・サービスが一般化していくことで、少しずつ市場価値が低下していき、その他の商品と同列になってしまいます。これを「コモディティ化」といいます。
　急速な技術革新や情報革新により、超コモディティ化が進む昨今では、これを防ぐための差別化は必須です。商品のデザインやスペックにこれといった違いがないと価格勝負に陥ってしまいます。

　その結果、商品価値を落とすことになります。価格勝負の負のスパイラルから抜け出せなくなるほど深刻な問題はありません。

　しかし、スペックや品質に大きな違いはなくても、その商品が持つ歴史や価値観・使命感は全く異なることがあります。この部分にブランド価値を見出すのです。プロモーションをかける場合は、訴えたいことの軸に、価値観や使命感といった「ブランドの在り方」を置けばいいのです。

　「ペプシパラドクス」を例に挙げるまでもなく、ブランド消費の場合、商品そのものの機能や品質とは別の価値で、消費者は購買を決定する傾向があります。

　ブランディングにおける差別化戦略においてのポイントは、「ブランド価値は商品そのものにあるとは限らない」。まずはこの事実に目を向けましょう。

差別化の正体

コモディティ化

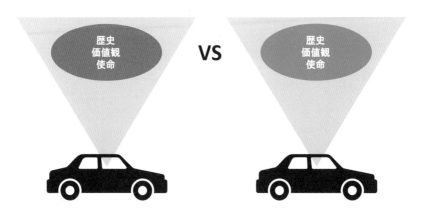

差別化

3. 消費行動の変化

①モノが不足している時の消費

　戦後の日本は、モノが不足していました。生活に必要な品はもちろん、食料も足りていない状態です。

　そこで日本企業には、大量生産が求められ続けました。

　生活に必要な品や食べ物をどんどん供給する事業活動。すべてのモノが足りていない状態なので、つくればつくるだけ売れていく、まさに売り手市場です。

　この消費はシンプルです。必要だから買う。足りないから買う。

　つまりニーズがある。

　そして企業側も、「商品が揃いました」「いい物があります」。

　そんなシンプルなメッセージだけで販売が可能になります。

　今でもよく「ニーズを探す」と聞きますが、はたして昨今の市場に、そんなにニーズはあるのでしょうか？

モノが不足しているときの消費

つくり手・売り手

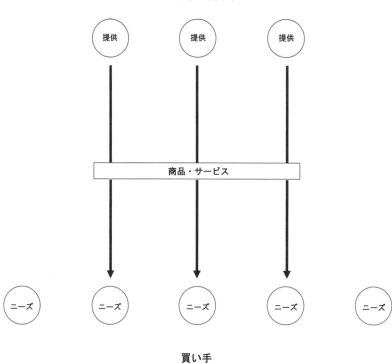

買い手

必要なモノを消費

②コモディティ化とニーズなき消費

　高度経済成長期を経て、国中に商品が行き渡ると、次第にモノが余るようになりました。戦後よりも人々の生活が豊かになり、生活に必要な品や食べ物が溢れていたため、どの業界でも購買ニーズが下がっていったのです。

　しかし、企業はそれまでと同じように、商品の改良を重ねて生産することをやめませんでした。

　ニーズがなくても新商品をつくり続けた結果、コモディティ化の一途をたどり、各業界は価格競争時代へと移りました。

　いわゆる、ニーズなき消費社会です。

商品高度化〜高度情報化〜コモディティ化

つくり手・売り手

商品高度化〜高度情報化〜コモディティ化

買い手

ニーズなき消費

③共感力でファン消費を創る

　戦後のモノが不足していた時代、物質的に満たされ、いたる所で価格競争が勃発していた時代を経て、消費者行動は大きく変化しました。

　現代人の価値観は深まり、「とりあえず買う」「話題になっているから買う」ことは減少傾向にあります。「買い渋っている」ようにも見えますが、実際は「お金を使う場所を自ら選び、惚れたものを買う」ようになったのです。

　つまり、企業も消費者同様に変化しなければならないのです。市場の変化のヒントは、私たちが商品を買うときの意識や行動を思い出せば、すぐに見つかります。

　モノが溢れている今、安い品でも十分な機能と品質を持っており、安かろう悪かろうは論外。かといって手に余るほどの高い機能性は求めていません。したがって、多くの同等商品が候補に挙がりますが、違いがほとんどないため、選択の決め手にかけています。

　そこで重要になるのが、商品自体ではなく、商品を製造・販売する企業やブランドに共感できるかどうかです。

　企業やブランドのバックボーンや歴史、コンセプトや理念に共感できるかどうか。つまり価値観や信念への共感が、商品を買うときの決め手になります。

　言い換えると、企業やブランドは、自分たちに共感してくれるファンづくりに重心を置かなければならないのです。

共感力でファン消費をつくる

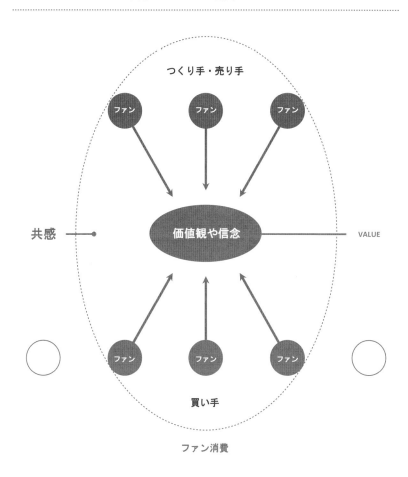

4．理念がブランドをつくる

①とあるブランドのはじまり

　共感ブランディングの輪郭が見えてきたところで、「理念がブランドをつくる」事例として、著者がセミナーや講演などでよく話す「無印良品」の例を挙げます。

　同ブランドの復活劇は、様々な観点で語られますが、ブランディングの専門家として、独自の解釈でお伝えさせていただきます。

　今では人気ブランドとして確固たる地位を築いている「無印良品」ですが、一度、その他のブランドに埋もれてしまい、大きなピンチを迎えたことがあります。

　1980 年、西友のプライベートブランドとしてスタートした無印良品は、「わけあって、安い。」をキャッチコピーに掲げて、ムダな塗装を省き、通常なら規格外として廃棄されるものをパッケージ化する等で、コストを抑え販売しました。

　この飾らない姿勢が共感を得て、無印良品は一般消費者に広まりました。

　さらに、1989 年には独立して「良品計画」として再スタートを切り、無印良品ファンを総称する「ムジラー」という言葉も生まれました。

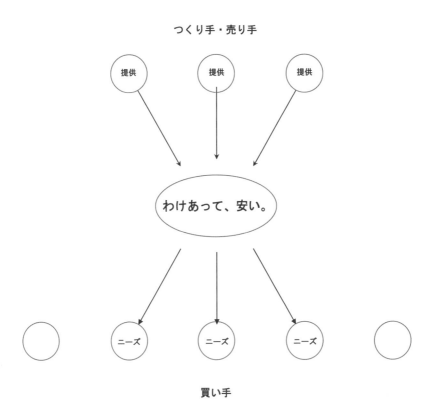

つくり手・売り手

提供　提供　提供

わけあって、安い。

ニーズ　ニーズ　ニーズ

買い手

②ブランドの危機

　ファンの心をガッチリ掴んで成功したかと思われた無印良品でしたが、バブルが崩壊したこともあり、90年代以降は全国的にコスパ重視の傾向が徐々に強まっていきました。

　技術の進歩もあり、街中に「安くてそこそこいいもの」が溢れるようになり、いつしか無印良品も「安くてそこそこいいブランドの1つ」になっていたのです。

　順調に業績を拡大していた無印神話は崩壊の道を進み、2000年に大幅な減益を発表し、当時の社長が辞任する事態にまで陥りました。

ブランドの危機

つくり手・売り手

○ ○ ○

わけあって、安い。

○ ○ ○ ○ ○

買い手

③理念構築で蘇ったブランド

　絶体絶命に追いやられた無印良品は、様々な経営革新に着手します。その重要な1つが、ブランドのコアバリューと呼ばれる、根本的な価値観の変更であると私は考えています。

　それまで使用していたタグライン「わけあって、安い。」を、「これでいい」という象徴的なワードに変えたのが、その表れです。

　素材や機能性にはこだわりつつも、華美なものをそぎ落とした、必要にして十分に高品質な、節度あるモノづくりとその展開に意識と戦略をチェンジしたのです。

　この「これでいい」という独自の価値観は、商品企画から製造、そのプロモーションに至るまで厳格に遵守され、社内外の多くの共感者をつくり、再び多くのユーザーをファン化していきました。

　無印良品は、見事なV字回復を成し遂げたのです。

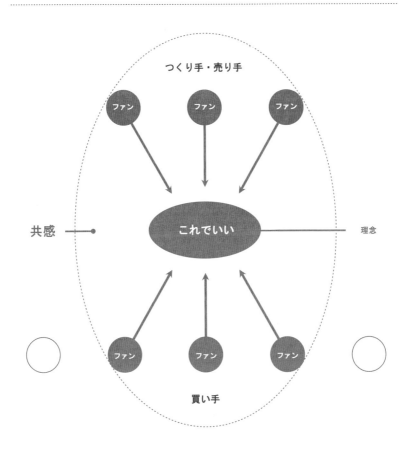

5．消費の二極化

①価格格差の衝撃

　バブル期のように、高級品が求められる時代もあれば、無印良品の歴史に見るような、程よく安いものが求められた時代もありました。

　しかし現代では、極端に安いものを購入する動きと、手を出すには勇気がいるような高級なものを購入する動きへと二極化しつつあります。

　わかりやすい例としては、ブランドバックの価格差です。数万円で売っているブランドバッグもあれば何百万という高額なブランドバッグまであります。

　これは電子機器類や生鮮食料品にも当てはまります。１つ数百円の野菜や果物もあれば、１つが数万円するものもあります。

　なぜ、この両極端な消費が成り立っているのかというと、私たち現代人は、それぞれがお金をかけたいものとかけたくないものを、全く別の感性で選んでからです。

価格格差の衝撃

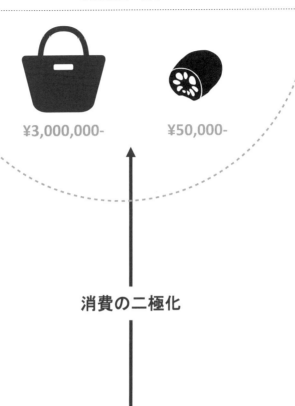

¥3,000,000-   ¥50,000-

消費の二極化

¥30,000-   ¥500-

② NEEDS から WANTS の時代（中間消費の時代）

「ニーズとウォンツ」は、マーケティングを学んでいるとよく耳にする理論です。

　「ニーズ」は目的・欲求、「ウォンツ」は手段・欲望などに例えて説明され、顧客のニーズをウォンツに転換することで、安価な商品から高級な商品へ買い替える戦略が重要だと、長きに渡って説かれてきました。

　いわゆるニーズからウォンツへのセルアップ販売です。まずは、商品やブランドを認知させるため、やや低価格の商品を販売します。その後、徐々に高価格の商品を購入するよう促します。

　しかし現代は、コストパフォーマンスの非常に高い、超低価格商品が溢れており、安くていい物がいくらでも手に入ります。結果、ほどほど高品質でほどほど安い中間商品を選ぶ人が減少、セルアップ販売も難しくなりました。

　かつてはマーケティングの基本の１つといわれた、ニーズからウォンツへのセルアップ販売ですが、現代では、過去の産物となってしまいました。

中間消費の時代

超高級市場

WANTS

高付加価値市場　　　　セルアップ販売

中間消費　　　　　　ほどよくいいものが売れる

低価格市場　　　　　認知促進集客

NEEDS

超低価格市場

③ NEEDS と WANTS は今や別物

　そこまで高くもなく、安くもない中間商品が売れなくなった今、資金力や設備投資力がある大手企業を除いて、狙うべきは高級市場です。国内のみならず、海外展開も視野に入れているのなら、ゆくゆくは高級市場のワンランク上の超高級市場を目指すことを検討すべきです。

　例えば、アパレル業界に突如として現れた SHEIN は、最新の市場トレンドを AI で分析し、最先端の工場で大量に超短期間で製造。従来のファストファッションを凌駕する超低価格販売で、一気に業界のメインストリームに躍り出ました。
　あなたのビジネスは、こうした最新の情報科学、製造技術を持つブランドに対抗できるでしょうか?

　今の時代、高級市場への参入に躊躇して、低価格市場での薄利多売で勝負することは、自殺行為と変わりません。

　かつて、ニーズからウォンツと言われた消費行動ですが、今やニーズとウォンツは別物です。消費者は、それほど愛着はないが必要なモノは安く済ませ、自分がとことんこだわりを求めるウォンツ商品には、むしろ高い物を求めます。これが二極化消費の正体です。
　大手企業でない限り、低価格で広い購買層に求められる超低価格市場ではなく、貴重性の高い超高級市場で勝負する以外、道はありません。

　そもそも価格は、原価率や市場が決めるのではありません。価値観が決めるものです。そうでなければ、1つ何百万円のバッグは成立しません。価値を創造し自覚する戦略、そして高く売ることを恐れないマインドが必要です。

NEEDS と WANT は別物

超高級市場

WANTS

中間消費はほとんど存在しない

NEEDS

超低価格市場

④ WANTS を創る

高く売ることを恐れないマインドと価値、信頼をどう構築するか？

その解決策として有効なのが、コアバリューを核とした「共感ブランディング」です。

自社やブランドに、揺るがない信念・理念を確立し、自己肯定感を高め理想を追求することです。

関係者やユーザーとの関係値を高めることが重要で、それこそが価格を超えたウォンツを創る原動力になります。

WANT を創る

超高級市場

共感ブランディングで、WANTSを創る

WANTS

↑

共感ブランディング

NEEDS

※超低価格戦場に挑まない

超低価格市場

6. 共感ブランディングの概念

共感ブランディングとは

　共感ブランディングとは、商売を行なう上での発想のポイントを「売ること」「売れること」ではなく、「感動すること」「共有すること」にシフトさせて、ファンと伝道師（口コミ）に支えられた事業環境を創り上げることです。

　具体的には、コアバリュー（ブランドが持つ核や価値）を確立し、それに人々が惹きつけられるファン心理状態を戦略的につくり上げることを指します。

　重要なのは、ブランドに惹きつけられるのは、買い手だけではないということです。ブランドのつくり手や売り手も買い手と同じ目線に立ち、同じようなファン意識を持っている状態を目指すことで、つくり手、売り手、買い手という垣根がなく、携わる人すべてがブランドの成長を支える商環境を実現できます。

　これこそがブランド経営のポイントです。

　また、コアバリューの確立によって、事業目的や活動方針が明確になる結果、開発や製造、販売意識の向上、離職率の低下、さらには求人募集の内容、社内教育の仕方などへの変化や効果、強いては経営革新も促されます。

　共感ブランディングは、単なる広告手法ではなく、インナーブランディングとアウターブランディングを包括する、今の時代にマッチした経営戦略なのです。

共感ブランディングの概念図

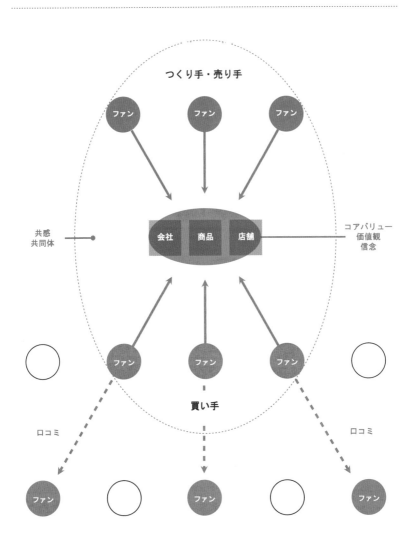

7．共感ポイントの見直し

共感力が購入の決め手

　戦後、日本は高度成長期に入り、経済状況や株価指数は右肩上がりを続けてきました。モノは不足しており、人々の消費欲は高く、売り手側は「大量生産」に重きを置きつつ、「より性能の高い商品を開発・宣伝・販売すること」が仕事でした。

　経済成長期の日本は、新しい商品をつくって宣伝するだけで、大量の顧客を獲得できた時代ともいえます。

　しかし、現代では様々な分野の技術が進歩しており、どの市場も商品・サービスが行き渡っています。いわゆる頭打ちになっている状態です。

　また、どの商品・サービスも、優劣をつけがたいくらいに品質が高くなっています。その結果、価格や性能などの商品情報は、消費者にとって購入する際の決め手ではなくなりました。

　では、何が購入の決め手になっているのか。そのポイントが「共感力」です。

　高度成長期から成熟期に変わった現代では、単に、認知度や知名度を上げることより、「共感ポイント」で繋がるロイヤルカスタマーを育てることのほうが重要です。

モノやサービス、情報が溢れた現代、商品情報は心に届かない

8. 共感ポイントの設定

アパホテルの在り方

　共感力を高めるポイントとなるのは、商品そのものより、その背景です。

　例えば、どの企業にも、歴史・哲学・文化があります。創業から今までの過去を振り返ると、歩んできた道、転機となった出来事、そのときに企業が取った行動が見えてきます。いわゆる「在り方」です。

　この「在り方」を伝えるのに有効な手段が、ストーリーや哲学の表現、そして文化を伝えることです。

　「ブランドの教訓」でもお伝えしたように、この「在り方」に共感すると、人はその結果として生み出されている商品やサービスにも深く共感します。

　そしてシンボルは、この在り方を「象徴」するようになり、人はその記号を見るだけで共感のスイッチが入り、商品やサービスを選ぶ動機に繋がります。

　逆に言えば、シンボルマークやキャラクターを戦略的に設定するときは、この「在り方」を象徴するように設計する必要があります。

　例えば、「アパホテル」と聞くと、同社取締役社長の元谷芙美子さんを思い浮かびませんか?

　彼女のイメージがあることで、アパホテル自体に清潔感や慎ましさ、親近感といったプラスの印象を感じる人は多いでしょう。そして、出張先での宿泊選びの際には、自然とアパホテルを選んでいる人もいると思います。

　つまり、アパホテルの「在り方」は、彼女をシンボルにすることで伝わっているのです。アパホテルは、戦略的に「在り方」を設計してブランド力を高めている、素晴らしい企業といえるでしょう。

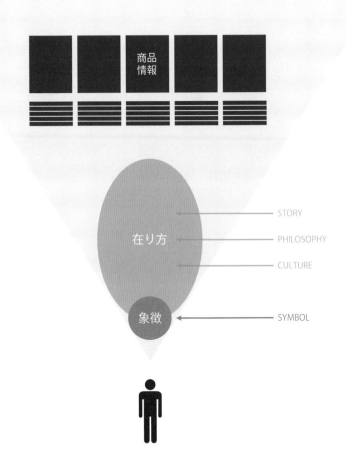

9. 正しいブランディングのプロセス

ブランディングの鉄則は中から外へ。

　例えば、大手企業の華やかなブランドプロモーションを目にすると、どうしても対外的な広報活動に目が行きがちですが、そもそもブランド価値が明確になっていないと広報活動も散漫になりがちです。

　中小企業やベンチャー企業が陥りやすい失策が、まさに対外的な活動のことばかり考え、ブランド価値が明確化できていないことです。

　ブランディングの正しいプロセスは、まず事業マインドやブランド価値をしっかり定義し、社内で理念共有し、関係者に広げて行く。そして広報だけでなく口コミの効果も活かしながらファンを創造し、ユーザーを獲得する。

　必ずその順番で、対策強化を図ります。では何をすべきか。
本書では、重要な対策1つひとつを、順を追って解説いたします。

正しいブランディングのプロセス

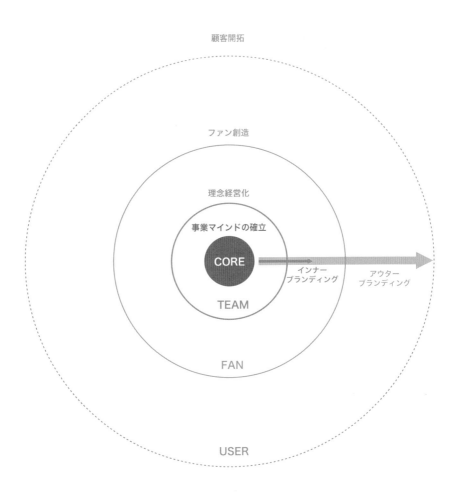

10. 共感ブランディング® の進め方

共感ブランディングを進める５つのステップ

　共感ブランディングは、次の５つのステップで進めます。

① 価値の棚卸

　事業や企業の歴史を振り返って、辿ってきた道のり、転機となった出来事等を抽出します。

② 事業マインドの確立

　棚卸した要素を分析し、集約して、企業の持つポリシー・存在意義・社会的使命などを明確化すると共に、コアバリューを導き出します。

③ 理念経営化

　事業マインドを言語化し、事業活動の規範や指針として掲げます。ビジョン・ミッションの設定で事業目的を明確にし、具体的なアクションプランを設定します。

④ ファン創造

　メッセージやビジュアルで、事業価値と理念を伝え、その共感者をファン化します。

⑤ ファン開拓

　広く共感者を募るため、①〜④のプロセスやメッセージ、ビジュアルを活かし、戦略的に広報活動します。

共感ブランディング®の進め方

◎価値の棚卸
- ■ヒストリー棚卸
- ■フィロソフィー棚卸
- ■モデル検証
- ■ポジショニング

価値の棚卸

◎事業マインド確立
- ■棚卸し
- ■コアバリューの定義
- ■コアバリューの象徴化
- ■理念哲学の確立

◎理念経営化
- ■経営理念・行動指針と規範
- ■ビジョン・ミッション
- ■スローガン・アクション
- ■クレドカード&ミーティング
- ■理念浸透研修
- ■組織活性化研修

価値の集約

理念経営化

インナー
ブランディング

◎ファン創造
- ■ブランドストーリー
- ■ブランドプロミス
- ■ブランドタグライン
- ■ネーミング
- ■ビジュアライズ&体系化
- ■コミュニティー化

メッセージ&ビジュアライズ

◎ファン開拓
- ■ブランディングサイト
- ■社内報
- ■ブランドブック・会社案内
- ■ステーショナリー
- ■イベント
- ■ブログ、ソーシャルメディア
- ■動画・コンテンツマーケ

プロモーション

アウター
ブランディング

作図及び構成の転載、複製、改変等は禁止します（ビジネスモデル特許申請中）

共感ブランディング®の進め方　069

自身の価値を見つける

共感ブランディング®の創り方

確立編

本書で公開する「共感ブランディング®ロジック＆シート」は、
多くの方の自己実現とブランド価値向上のため、
著作購入者が、自身のために活用することを許可・推奨します。
しかしながら、営利目的利用や転用、第三者への応用等は
一切認めませんので、ご留意ください。

事業マインドの確立

・・・・・・・・・・・・・・・・・・・・・・・・・・・・・・・・・・・・

第1章

本書で公開する「共感ブランディング® ロジック＆シート」は、
多くの方の自己実現とブランド価値向上のため、
著作購入者が、自身のために活用することを許可・推奨します。
しかしながら、営利目的利用や転用、第三者への応用等は
一切認めませんので、ご留意ください。

事業マインドの確立

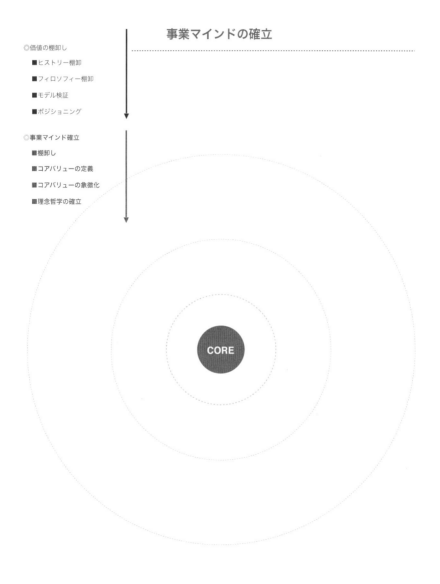

◎価値の棚卸し

■ヒストリー棚卸

■フィロソフィー棚卸

■モデル検証

■ポジショニング

◎事業マインド確立

■棚卸し

■コアバリューの定義

■コアバリューの象徴化

■理念哲学の確立

CORE

1. 事業マインドの確立

　ブランディングを行なうに当たって、何よりも先に手掛けるのは「事業マインドの確立」です。

　これにより、一本筋が通った事業経営ができるようになるだけでなく、脇道にそれることなく事業拡大を進められたり、求人や社員教育などが行えるようになります。

　では、事業マインドとは一体なんなのか？

　それは、企業が本当に大事にしている理念、起業した理由、事業を行なう意味、経営方針や人材育成等、事業に関するすべての発信源となるものです。

　この事業マインドを発見するために必要となる行程が、「価値の集約」です。

事業マインドの確立

価値の棚卸

■ヒストリー棚卸

■フィロソフィー棚卸

■モデル検証

■ポジショニング

事業マインド確立

■棚卸

■コアバリューの定義

■コアバリューの象徴化

■理念哲学の確立

価値の棚卸

価値の集約

2．棚卸シート（事例Ａ）

　「価値の棚卸」とは、生まれてから今までを振り返り、「いつ」「何が起こり」「どんな行動をとったのか」を見つけます。そして、この３つから、企業の理念や行動価値を探ります。

　創業者の人生を振り返った場合は、過去の成功体験やトラウマが事業に繋がっていることが多々あります。そのため、一見事業に関係ない出来事も、重要なポイントとなる場合があります。

　筆者は年間200〜300回ほどの経営者ミーティングをこなしていますが、実際６〜７割の方が、幼少期の親との関係が事業マインドに大きく関わっています。

　以上を踏まえ、嬉しかったこと、楽しかったこと、悲しかったこと、悔しかったことなど、些細なことでもかまわないので、出来事をピックアップして書き出していきます。

　後ほど内容を集約するので、まとまりが悪くても、雑多で大量でもかまいません。むしろ労力を割いてまとめようとせず、思いつくままになるべく多く、エピソードを書き出してください。

　また、当時の写真も見つけておきましょう。これは後ほどブランドストーリーを編集する際に、重要なビジュアル要素となります。

　参考に、筆者の棚卸シートを掲載します。

棚卸しシート（事例A）

幼少	**幼少の頃からの憧れ、デザイナー。** 北海道札幌市生まれ。父がグラフィックデザイナー。 当時のデザインは全て手描き。 まるで漫画家のように、自宅にはお弟子さんがいて、 絵を書いてくれたり、モノを作ってくれたり、、、 父の大手広告代理店就職後は、仕事も派手になり、 銀行のポスターや新聞広告の子役モデルをレギュラーで務めるなど、 制作現場の裏側に、幼少からどっぷり浸かる。 そして、この頃から必然的にデザイナーという職業に憧れを持ちはじめる。	
学生 1	**小学生にして早くも挫折。** 小中学校時代は絵が得意で、絵描きかデザイナーになることに憧れるが、 弟の方が圧倒的に画才があり、コンクール入賞数や 家庭内での評価もかなわなかった。 そのため将来、絵の世界で勝負しても大成できないと悟り、 デザインそのものより、広告戦略やコンセプトを早くから学びはじめる	
学生 2	**学生時代、音楽にどっぷり。** 中学3年でロックに目覚め、 以後学生生活は、バンド活動に明け暮れる。 大手楽器メーカーのコンテスト等で、ベストギタリスト賞を何度か受賞。 プロの道も開きかけたが、 慢心が仇となり、くだらないいざこざでバンド解散。 その後は自宅レコーディングがメインの暗い日々を送り、鳴かず飛ばず。 バンドは諦め、本来の道であるデザイン業界への就職を決意する。 また、以後は慢心はつつしみ、謙虚さを忘れないよう心がけている。	
社会人 1	**バブル期、下っ端デザイナー。** すでに就職していた友人の紹介で、 バブル経済の真っ只中、 社長の人脈と個性的で派手な仕事をしていた 名古屋の小さなデザインプロダクションに就職。 当時流行りのCI/VI（企業のマークのデザインや統一展開）や、 店舗のオープニングツール、会社案内制作など、 社内制作業務を一手に引き受け、会社に寝泊まりしながら、 企画・編集・制作のノウハウを体得する。	

棚卸しシート（事例A）

社会人 2	**バブル崩壊で独立、順調に事業を拡大。** バブル崩壊とともに、勤めていた会社が倒産状態に。 ここで思い切って独立。程なく、当時まだ物珍しかったMACを、 一大決心で購入。（Macintosh IIci とソフト周辺機器で、総額300万円以上） 以後、デザインのみならず、総合企画の分野にも進出し、 クリエイティブの領域を急速に広げてゆく。 この頃から、大手ホームセンターVIでロスへ視察同行＆レポーティング （50店舗あまり 計1300点の記録撮影）や 大手自動車メーカーコミュニケーション戦略立案などの 大型プロジェクトを次々と任されはじめる。	
転機	**リーマンショックで廃業寸前に。** 念願だった東京進出を果たし、業務をどんどん拡大。 社員数も30名越えレベルに達し、絶頂期と思いきや、 リーマンショックで売り上げが一気に1/3に。 税理士や経営コンサルタントの指導でリストラや営業強化を行うが 売り上げと利益は下がり続ける。 絶望感と先行きの不安から、最寄駅（有楽町）のホームから 飛び降りようと思ったことは1度や2度ではない。	
自己確立	**自己確立ブランディングで経営革新。** 焦燥と絶望の中、ふと「自分自身のブランディングができていない！」ことに気づく。小学校時代の原点に立ち返り、自身が成すべきことを悟る。それまでの基幹業務であるデザインプロダクションを諦め、 経営コンサルタントに事業転換。 日本にはブランディングの専門家が少ないことに着目し、 自身が確立したブランディングロジックを体系化。 舞台に立つことに慣れた自分の強みも活かし、セミナー活動を開始する。	
現在	**日本で数少ない「ブランディングの専門家」地位確立。** 「日本で数少ない、ブランディングの専門家」として、 講演やセミナー、経営塾講師といった活動をする傍らで、 多くの経営者から支持を集め 現在は、元グラフィックデザイナーという異色の経歴でありながら、 経営コンサルタントとして、 年間300回ほどの経営者ミーティングをこなす。	

棚卸シート

3．棚卸シート（ワーク）

　項目ごとに出来事を整理するシートです。左から「年代」「出来事」「関連資料」の順になっています。はじめから転機となった出来事を丁寧な文章で書く必要はありません。

　まずは、この下書きに、幼少期からの出来事を箇条書きで書き出しましょう。それらの中から、棚卸に必要だと思う出来事を選び、次のワークシートに清書します。

　年代は、「幼少期」「小学校」「中学年」のように、大まかに区切ると思い出しやすいかもしれません。だからといって細かく区切る必要もないですし、別の区切り方でもかまいません。

　出来事の文章の精度も問いません。箇条書きのように短くてもいいですし、事例よりも長くなったとしても問題ありません。

　また、過去の出来事を忘れていても、書き出していく中で思い出すこともあります。そのため、棚卸をするときは、できるだけ多くのことを思い出してください。

　このワークシートで重要なのは、今まで何があったのかをできるだけたくさん思い出すことです。一見、事業に関係ないことが重要なケースもあります。思い出したことを書き溜めていきましょう。

棚卸シート（ワーク）

棚卸シート（ワーク）

棚卸シート（ワーク）

棚卸シート（ワーク）

棚卸シート（ワーク）

4．歴史相関（事例B）

　「歴史相関」とは、年代と日本社会や世界で起こった主な出来事を紐づけた相関図です。

　人生や事業は、それぞれの時代で左右されています。その時代時代によって人々の暮らしや常識は異なり、時代と照らし合わせることで、企業（創業者）の行なったことの意義や偉大さが別の観点で見えてきます。

　また、その年代の社会的な出来事を確認することで記憶が呼び戻され、棚卸の際に、導き出す出来事が増える場合もあります。

　事例として弊社がブランディング協力させていただいた、「アクロスロードホールディングス株式会社」代表取締役の津田徹さんの歴史相関シートを載せます。

アクロスロードホールディングス株式会社

　アイデアを実現するための「技術」と、それを活用した「サービス」提供の両立を目指すIT企業。培ってきた技術と営業力を基にしたシステム開発事業を展開しながら、その先の広がりを視野に入れた事業も推進。また、エンジニアのセカンドキャリアを考える仕組みづくりにも注力している。

歴史相関（事例B）

西暦	和暦	自身&事業	日本社会 世界情勢	業界動向
1965	昭和40		日韓基本条約締	
1966	昭和41		ビートルズ来日 文化大革命はじまる 日本総人口1億人	
1967	昭和42		四日市ぜんそく訴訟 吉田茂首相死去 戦後初の国葬	世界初のパケット通信のネットワーク 「ARPANET計画誕生」
1968	昭和43		大学紛争激化 小笠原諸島本土復帰 キング牧師暗殺	
1969	昭和44		アポロ11号月面有人着陸 東名高速道路開通	iMP(Interface Message Processor)発明 AT&Tのベル研究所によりUNIXが開発される ARPANET開始(4ノード)
1970	昭和45		日本初人工衛星打上げ よど号ハイジャック事件 日本万国博覧会開催	NCP(Network Control Program)完成
1971	昭和46		沖縄返還協定調印 環境庁発足 カップヌードル発売 マクドナルド上陸	
1972	昭和47		田中角栄通産相 「列島改造論」 札幌オリンピック 日中共同声明	ARPAがDARPAへと改称 SRIによるInterNICプロジェクト開始 IANA機能が記されたRFCが発行される International Network Working Group (INWG)発足 ARPANETのデモ、NATO域への拡大
1973	昭和48	津田代表誕生	第四次中東戦争勃発 第一次オイルショック 円為替変動相場制	TCP/IPについて記述された最初の文書が公開される
1974	昭和49	1才	佐藤栄作元首相 ノーベル平和賞受賞 軍艦島閉山 飛行機事故続発	公衆パケット交換網Telenetがサービスを開始 日本でN-1ネットワーク稼働 TCPの仕様について記述された初のRFCが発行される
1975	昭和50	2才	ビデオ・カセット発売 沖縄海洋博開催 ベトナム戦争終結 マイクロソフト設立	Microsoft設立 創業者ビル・ゲイツとポール・アレン
1976	昭和51	3才	ロッキード事件 アップル設立	Apple設立 創業者スティーブ・ジョブズ、スティーブ・ウォズニアック、ロナルド・ウェイン

作図及び構成の転載、複製、改変等は禁止します（ビジネスモデル特許申請中）

歴史相関（事例B）

西暦	元号	年齢・メモ	社会の出来事	IT・ネットワーク関連
1977	昭和52	4才	初の自動焦点カメラ 気象衛星ひまわり 王貞治世界記録 完全カラー放送	
1978	昭和53	5才	インベーダーゲームヒット 第二次オイルショック 新東京国際(成田)空港開港 日中平和友好条約調印	
1979	昭和54	6才	ソニーウォークマン発売 東京サミット初開催 ソ連アフガニスタン侵攻 ウォークマン発売	UUCPNETの誕生 Oracle v2リリース
1980	昭和55	7才　小学校入学	任天堂ゲームウォッチ発売 イラン・イラク戦争勃発 ジョンレノン銃殺事件	Usenetの開発・イーサネット規格公開
1981	昭和56	8才 初めてMSベーシックを触る。ゲームをつくる。	福井謙一ノーベル化学賞 スペースシャトル 宇宙初飛行成功 オレたちひょうきん族	CSNET(Computer Science Research Network)運用開始 BITNET運用開始 N-1ネットワークの正式運用開始
1982	昭和57	9才	東北新幹線 上越新幹線開通 5百円硬貨登場 ホテルニュージャパン火災	ヨーロッパでEUnet(the European UNIX network)の運用が開始 SMTP (Simple Mail Transfer Protocol)がRFC化 Adobe設立 創業者ジョン・ワーノックとチャールズ・ゲシキ
1983	昭和58	10才 腐れ縁の友人とゲームをつくりプレイする。	日本海中部地震発生 東京ディズニーランド開園 ファミリーコンピューター発売	ARPANETでTCP/IPが標準プロトコルとして採用、IPv4アドレスが使われる DNS(Domain Name System)の誕生? DNSに関する一連のRFCが発表される
1984	昭和59	11才	新紙幣発行 グリコ森永事件 アップルがMAC発売 NHKが衛星テレビ放送開始	HEPNET-Jの運用開始 BINDの誕生 JUNETの運用開始
1985	昭和60	12才　中学入学	国際科学技術博覧会 NTT、JTが発足 日本航空123便墜落事故	初コンピューターウイルス誕生 Windows1.x(DOS系) NTT設立 日本初の携帯電話誕生 JUNETとUsenetが接続開始 ・ BITNET.JPの運用開始 ・ COMドメイン名(symbolics.com)初登録
1986	昭和61	13才	円急騰1ドル=152円55銭 男女雇用機会均等法施行 チェルノブイリ原発事故 チャレンジャー号爆発事故	NSFがCSNETをNSFNETとして再構築、全米の基幹ネットワークにDEC社がファイアウォールを開発 JUNETとCSNETが接続開始に初めての海外接続(東大、JUNET) .jpがANAから日本へ カルフォルニア大学バークレイ校でPOSTGRESプロジェクト発足
1987	昭和62	14才	利根川進ノーベル生理学・医学賞受賞 ブラックマンデー NTT株上場	Perl誕生 ラリー・ウォールによって開発されたプログラミング言語 Windows2.x(DOS系)
1988	昭和63	15才 高校入学 麻雀に明け暮れる。	リクルート事件 青函トンネル開通 瀬戸大橋開通	NTTにより、IPパケットが初めて太平洋を越えた日
1989	昭和64 平成元	16才	昭和天皇崩御 1月8日平成に改元 ベルリンの壁崩壊 天安門事件	HTML誕生 日本のドメイン名がJUNETから.JPへ移行 BGP (Border Gateway Protocol)がRFC化 日本初の国産ウイルス出現

歴史相関（事例B）

年	和暦	年齢		社会の出来事	技術・IT関連の出来事
1990	平成2	17才		株価暴落 日米構造協議 東西ドイツ統一	ARPANET終了
1991	平成3	18才	大学入学	雲仙普賢岳で火砕流発生 湾岸戦争勃発 ソ連崩壊 バブル経済崩壊	WWW(World Wide Web)誕生 開発者「ティム・バーナーズ＝リー」 Pythonが誕生 グイド・ヴァン・ロッサムにより創出 WIDEとBITNETが接続開始 Windows3.x(DOS系)
1992	平成4	19才		PKO協力法案成立 週休2日制度本格化	NTT内でHTMLを使用したページが作成される。日本初のWebサイト(KEK)誕生
1993	平成5	20才		佐川急便事件 Jリーグ開幕 自民党分裂 細川連立内閣成立	ブラウザ「Mosaic」誕生 WWWを誰でも使用可能に無償開放 NSFによるInterNICプロジェクト開始 HTMLバージョン1.0が公開される POSTGRES4.2をもってカルフォルニア大学バークレイ校における プロジェクト終了
1994	平成6	21才		プレステ・セガサターン発売 羽田内閣 村山内閣	Yahoo!設立 創業者ジェリー・ヤン(楊致遠)とデビッド・ファイロ amazon.com創業 創業者ジェフ・ベゾス ブラウザ「Netscape Navigator」誕生 CSS誕生ホーコン・ウィウム・リーにより提唱 PHP誕生ラスマス・ラードフによって開発
1995	平成7	22才	エンジニア業界に入る	阪神淡路大震災 地下鉄サリン事件 Win95発売	「Internet Explorer」「Javascript」「PHS」誕生 NSFNET終了 MySQLリリース POSTGRESのソースコードを元にしたPostgres95リリース SQL (LIKE構文など)を実装したPostgres95リリース (1.0バージョン)正式リリース Windows95(9x系)、日本語版Windows 95発売
1996	平成8	23才		橋本内閣 たまごっちブーム	Yahoo!Japanサービス開始 ブラウザ「Opera」誕生・Javaアプレットが登場 ITU-Tが音声・動画通信のためのH.323を勧告 JDK1.0
1997	平成9	24才		消費税5% 英国、香港を中国へ返還 初代プリウス発売	Flash登場・Dreamweaver登場 APAN (Asia-Pacific Advanced Network) の設立 AlterNIC事件の発生 Netflix8月29日創業カリフォルニア州スコッツバレー PostgreSQLと名称を変えてPOSTGRES6.0と連番にもどされたJDK1.1
1998	平成10	25才		冬期長野オリンピック 民主党結成 小渕内閣	Google創業 創業者ラリー・ペイジとセルゲイ・ブリン Appleから「iMac」をリリース MySQL最初のWIN版リリース Windows 98(9x系) J2SE1.2「Playground」
1999	平成11	26才		瀬戸内しまなみ海道開通 東海村JOC臨界事故 ルノー日産資本提携	2ちゃんねる開設 iモードサービス開始
2000	平成12	27才		森内閣 2千円札発行 BSデジタル放送開始	光ファイバーやADSLの技術が始まる ジオシティーズ(無料レンタルサーバ)が開始 ライブドアインターネット接続サービス開始 Windows 2000(NT系) Windows Me(9x系) J2SE1.3「Kestrel」
2001	平成13	28才		USJ開業 小泉内閣 アメリカ同時多発テロ	Wikipediaプロジェクト始動 Movable Typeが誕生 Yahoo!BBのサービス開始 Struts(ストラッツ) Windows XP(NT系)
2002	平成14	29才		日朝平壌宣言 FIFAワールドカップ 日韓共同開催	ブラウザ「Safari」誕生 IP電話などで用いられるSIPを規定したRFC3261が発行される J2SE1.4「Merlin」

歴史相関（事例B）

年	和暦	年齢		社会的出来事	技術・サービス関連
2003	平成15	30才		オレオレ詐欺横行 日本郵政公社誕生 地上波デジタル放送開始	Skype誕生 ワードプレス誕生 Seasar(シーサー1)(8月)
2004	平成16	31才		新潟県中越地震 新紙幣発行 ニンテンドーDS発売	Facebook誕生 ブラウザ「Firefox」誕生 ルートゾーンへ初のAAAAが追加される MiXiの運用開始 Gmail提供開始 Spring(スプリング) Seasar(シーサー1)(9月) J2SE5.0「Tiger」
2005	平成17	32才		JR福知山線脱線事故 愛知万博開催 郵政民営化法案成立	YouTube誕生 創業者はPayPalの元従業員であるチャド・ハーリー、スティーブ・チェン、ジョード・カリム ブロードバンド放送サービス「Gao」開始 Googleマップ誕生 Prototype.jsの誕生 バージョン管理システム「Git」誕生
2006	平成18	33才		安倍内閣 格差社会が流行語 任天堂がWii発売	Twitter設立 創業者ジャック・ドーシー ニコニコ動画サービス開始 Windows Vista(NT系) Amazon Web Services7月公開 Java SE 6「Mustang」
2007	平成19	34才		福田内閣 防衛省スタート 郵政民営化スタート	iPhoneが誕生 iOS1
2008	平成20	35才		リーマンショック 麻生内閣 iPhone初上陸	Appleが「App Store」を開始 Androidが誕生 ブラウザ「Crhome」が誕生 ルートサーバにIPv6アドレスを追加・Twitter日本語開始 iOS2 Windows Azure Platformの発表
2009	平成21	36才		民主党政権 鳩山内閣 事業仕分け 全国初裁判員裁判	ビットコイン運用開始 Twitterブーム到来 iOS3 Windows 7(NT系)
2010	平成22	37才		小惑星探査機はやぶさ帰還 菅内閣 東北新幹線全線開業	Appleから「iPad」がリリース jQueryが誕生 iOS4
2011	平成23	38才 アクロスロード創業		東日本大震災発生 原子力問題 野田内閣	「LINE」サービス開始 CSS3が誕生 Bootstrapが誕生 スティーブジョブズ氏逝去 iOS5 AWS 日本データセンターの運用開始を発表 Java SE 7「Dolphin」
2012	平成24	39才		東京スカイツリー 第二次安倍内閣 格安航空会社が就航	Appleから「iPhone5」がリリース iOS6 Windows 8(NT系)
2013	平成25	40才		ブラック企業が流行 働き方改革が進む 富士山が世界遺産登録決定	iPhoneドコモ参入 メルカリ設立 iOS7 イーサリアム誕生
2014	平成26	41才		消費税8% ソフトバンク人型 ロボット発表	HTML5が誕生 FacebookがWhatsappとOculus VRを買収 iOS8Microsoft Azure日本に東日本リージョン、西日本リージョンを開設 Windows AzureがMicrosoft Azureに名前変更 Java SE 8
2015	平成27	42才		五輪エンブレム問題 Apple Watch発売 大阪都構想住民投票	2015年問題 iOS9 アップルウォッチ発売 Windows 10(NT系)

歴史相関（事例B）

2016	平成28	43才	北海道新幹線開業 熊本地震 ポケモンGoブーム	モバイルOSのシェアはAndroidがNo.1 AmemaTVサービス、LINEモバイルサービス 開始 Pokemon GO国内リリース iOS10
2017	平成29	44才	インスタ映えが流行語 加計・森友学園問題	携帯電話事業者5G総合実証試験の開始発表 「Amazon Echo」、LINEが提供する「Clova WAVE」、 Googleが提供する「Google Home」、ソニーからスマート スピーカー「LF-S50G」が販売開始 「TikTok」がサービスを開始 Windowsを標的としたワーム型ランサムウェア「WannaCry」が世界的 に発生 iOS11 OpenSea設立 Java SE 9
2018	平成30	45才	大阪府北部地震 全国で歴史的猛暑 自然災害多発	「PayPay」がサービスを開始 iOS12 Java SE10 Java SE11
2019	平成31 令和元	46才	4月1日令和に改元 大阪G20開催 消費税10%	国内でキャッシュレス化(電子マネー)が普及。 新 型コロナウイルス感染症（COVID-19）発生 iOS13 Java SE12 Java SE13
2020	令和2	47才	新型コロナウイルス 世界的大流行 菅内閣	新型コロナウイルス感染症（COVID-19）の拡大 DX化、IoT活用 促進 Zoom、Skype、Microsoft Teams、Cisco Webexなどのウェブ会議システ ムの利用が普及 3月第5世代移動通信システム5G運用開始 iOS14 Java SE 14 Java SE 15
2021	令和3	48才	緊急事態宣言 東京オリンピック 岸田内閣	3月ヤフーとLINEが経営統合 ホールディングカンパニーへ デジタル庁発足(9/1) 量子コンピューター分野研究を推進 光量子ビットスライサ中の開発 「スクイーズド光源」と呼ばれる量子光源を世界で初めて開発 OpenSeaはAndroidとiOS向けのモバイルアプリをリリース iOS15 Windows 11 NT系 Java SE16 Java SE 17
2022	令和4	49才	ロシアウクライナ侵攻 米FRB政策金利引上げ 円安物価高	
2023	令和5			
2024				
2025				
2026				
2027				
2028				

作図及び構成の転載、複製、改変等は禁止します（ビジネスモデル特許申請中）

５．歴史相関（ワーク）

　このシートは、左から「年代（西暦・和暦）」「自身 & 事業」「日本社会・世界情勢」「業界動向」という項目に分かれています。

　「自身 & 事業」には、棚卸で浮かび上がった、転機となった出来事を書きこみます。また、「日本社会・世界情勢」を確認した結果、棚卸シートのステップでは思い出せなかったことも記入しましょう。

　業界動向には、企業（創業者）と事業が属する業界に共通するエピソードを書き出しましょう。

　例えば IT 業界であれば、新しい技術の登場といった業界の動向や、その出来事が社会にもたらした流行といった現象を書き出すといいでしょう。

歴史相関（ワーク）

西暦	和暦	自身&事業	日本社会 世界情勢	業界動向

作図及び構成の転載、複製、改変等は禁止します（ビジネスモデル特許申請中）

歴史相関（ワーク）

西暦	和暦	自身&事業	日本社会 世界情勢	業界動向
1926	大正15 昭和1		大正天皇崩御 昭和天皇即位 12月26日 昭和に改元	
1927	昭和2		昭和金融恐慌 南京事件 東京地下鉄道が開業	
1928	昭和3		NHK「ラジオ体操」 「大相撲中継」放送開始 赤旗創刊	
1929	昭和4		世界恐慌 NYで株式大暴落 阪急百貨店開店	
1930	昭和5		ロンドン海軍軍縮会議 共産党員全国一斉検挙	
1931	昭和6		満州事変 国産電気掃除機登場	
1932	昭和7		満州国建国 五・一五事件 チャップリン来日	
1933	昭和8		国際連盟脱退 ナチスドイツ成立 昭和三陸地震	
1934	昭和9		室戸台風	
1935	昭和10		天皇機関説事件	
1936	昭和11		二・二六事件 スペイン内戦勃発 国会議事堂完成	
1937	昭和12		盧溝橋事件 日中戦争勃発 ゲルニカ爆撃	

歴史相関（ワーク）

1938	昭和13		国家総動員法成立 木炭自動車登場 独でユダヤ人迫害開始	
1939	昭和14		国民徴用令公布 零戦登場 第二次世界大戦勃発	
1940	昭和15		日独伊三国同盟成立 配給制開始	
1941	昭和16		日ソ中立条約成立 真珠湾攻撃 太平洋戦争開戦	
1942	昭和17		ミッドウェー海戦 ドーリットル空襲 関門トンネル開通	
1943	昭和18		学徒出陣 山本五十六戦死 伊が連合国に降伏	
1944	昭和19		東条内閣総辞職 昭和東南海地震 B29爆撃機本土初空襲	
1945	昭和20		東京大空襲 広島・長崎に原爆投下 太平洋戦争終結	
1946	昭和21		人間宣言 日本国憲法公布 昭和南海地震発生	
1947	昭和22		教育基本法制定 労働基準法制定 日本国憲法施行	
1948	昭和23		極東国際軍事裁判 太宰治入水自殺 福井地震	
1949	昭和24		湯川秀樹 ノーベル物理学賞	
1950	昭和25		朝鮮戦争勃発	

歴史相関（ワーク）

1951	昭和26		サンフランシスコ 平和条約締結 日米安全保障条約締結	
1952	昭和27		GHQ廃止 IMFに加盟 国会中継の放送開始	
1953	昭和28		朝鮮戦争終結 NHK放送開始 奄美群島返還	
1954	昭和29		自衛隊設置 集団就職	
1955	昭和30		自由民主党誕生 トヨタクラウン登場 イタイイタイ病発生	
1956	昭和31		日ソ共同宣言 国際連合加盟 水俣病発生	
1957	昭和32		昭和基地設立	
1958	昭和33		東京タワー完成 スーパーカブ発売 １万円札登場	
1959	昭和34		皇太子明仁親王 正田美智子さんご成婚	
1960	昭和35		安保闘争激化 日米新安全保障条約 カラーテレビ放送開始	
1961	昭和36		ベルリンの壁建設 第2室戸台風	
1962	昭和37		国産旅客機初飛行 キューバ危機	
1963	昭和38		黒部ダム完成 ケネディー大統領暗殺 部分的核実験停止条約	

歴史相関（ワーク）

1964	昭和39		東海新幹線開業 東京オリンピック開催 PLO設立	
1965	昭和40		日韓基本条約締結	
1966	昭和41		ビートルズ来日 文化大革命はじまる 日本総人口1億人	
1967	昭和42		四日市ぜんそく訴訟 吉田茂首相死去 戦後初の国葬	
1968	昭和43		大学紛争激化 小笠原諸島本土復帰 キング牧師暗殺	
1969	昭和44		アポロ11号月面有人着陸 東名高速道路開通	
1970	昭和45		日本初人工衛星打上げ よど号ハイジャック事件 日本万国博覧会開催	
1971	昭和46		沖縄返還協定調印 環境庁発足 カップヌードル発売 マクドナルド上陸	
1972	昭和47		田中角栄通産相 「列島改造論」 札幌オリンピック 日中共同声明	
1973	昭和48		第四次中東戦争勃発 第一次オイルショック 円為替変動相場制	
1974	昭和49		佐藤栄作元首相 ノーベル平和賞受賞 軍艦島閉山 飛行機事故続発	
1975	昭和50		ビデオ・カセット発売 沖縄海洋博開催 ベトナム戦争終結 マイクロソフト設立	
1976	昭和51		ロッキード事件 アップル設立	

歴史相関（ワーク）

1977	昭和52		初の自動焦点カメラ 気象衛星ひまわり 王貞治世界記録 完全カラー放送	
1978	昭和53		インベーダーゲームヒット 第二次オイルショック 新東京国際(成田)空港開港 日中平和友好条約調印	
1979	昭和54		ソニーウォークマン発売 東京サミット初開催 ソ連アフガニスタン侵攻 ウォークマン発売	
1980	昭和55		任天堂ゲームウォッチ発売 イラン・イラク戦争勃発 ジョンレノン銃殺事件	
1981	昭和56		福井謙一ノーベル化学賞 スペースシャトル 宇宙初飛行成功 オレたちひょうきん族	
1982	昭和57		東北新幹線 上越新幹線開通 5百円硬貨登場 ホテルニュージャパン火災	
1983	昭和58		日本海中部地震発生 東京ディズニーランド開園 ファミリーコンピューター 発売	
1984	昭和59		新紙幣発行 グリコ森永事件 アップルがMAC発売 NHKが衛星テレビ放送開始	
1985	昭和60		国際科学技術博覧会 NTT、JTが発足 日本航空123便墜落事故	
1986	昭和61		円急騰1ドル=152円55銭 男女雇用機会均等法施行 チェルノブイリ原発事故 チャレンジャー一号爆発事故	
1987	昭和62		利根川進ノーベル 生理学・医学賞受賞 ブラックマンデー NTT株上場	
1988	昭和63		リクルート事件 青函トンネル開通 瀬戸大橋開通	
1989	昭和64 平成元		昭和天皇崩御 1月8日平成に改元 ベルリンの壁崩壊 天安門事件	

歴史相関（ワーク）

1990	平成2		株価暴落 日米構造協議 東西ドイツ統一	
1991	平成3		湾岸戦争勃発 ソ連崩壊 バブル経済崩壊	
1992	平成4		PKO協力法案成立 週休2日制度本格化	
1993	平成5		佐川急便事件 Jリーグ開幕 自民党分裂 細川連立内閣成立	
1994	平成6		プレステ・セガサターン 発売 羽田内閣 村山内閣	
1995	平成7		阪神淡路大震災 地下鉄サリン事件 Win95発売	
1996	平成8		橋本内閣 たまごっちブーム	
1997	平成9		消費税5% 英国、香港を中国へ返還 初代プリウス発売	
1998	平成10		冬期長野オリンピック 民主党結成 小渕内閣	
1999	平成11		瀬戸内しまなみ海道開通 東海村JOC臨界事故 ルノー日産資本提携	
2000	平成12		森内閣 2千円札発行 BSデジタル放送開始	
2001	平成13		USJ開業 小泉内閣 アメリカ同時多発テロ	
2002	平成14		日朝平壌宣言 FIFAワールドカップ 日韓共同開催	

歴史相関（ワーク）

2003	平成15		オレオレ詐欺横行 日本郵政公社誕生 地上波デジタル放送開始	
2004	平成16		新潟県中越地震 新紙幣発行 ニンテンドーDS発売	
2005	平成17		JR福知山線脱線事故 愛知万博開催 郵政民営化法案成立	
2006	平成18		安倍内閣 格差社会が流行語 任天堂がWii発売	
2007	平成19		福田内閣 防衛省スタート 郵政民営化スタート	
2008	平成20		リーマンショック 麻生内閣 iPhone初上陸	
2009	平成21		民主党政権 鳩山内閣 事業仕分け 全国初裁判員裁判	
2010	平成22		小惑星探査機はやぶさ帰還 菅内閣 東北新幹線全線開業	
2011	平成23		東日本大震災発生 原子力問題 野田内閣	
2012	平成24		東京スカイツリー 第二次安倍内閣 格安航空会社が就航	
2013	平成25		ブラック企業が流行 働き方改革が進む 富士山が世界遺産登録決定	
2014	平成26		消費税8% ソフトバンク人型 ロボット発表	
2015	平成27		五輪エンブレム問題 Apple Watch発売 大阪都構想住民投票	

歴史相関（ワーク）

22016	平成28		北海道新幹線開業 熊本地震 ポケモンGoブーム	
2017	平成29		インスタ映えが流行語 加計・森友学園問題	
2018	平成30		大阪府北部地震 全国で歴史的猛暑 自然災害多発	
2019	平成31 令和元		4月1日令和に改元 大阪 G20 開催 消費税 10%	
2020	令和2		新型コロナウイルス 世界的大流行 菅内閣	
2021	令和3		緊急事態宣言 東京オリンピック 岸田内閣	
2022	令和4		ロシアウクライナ侵攻 米FRB政策金利引上げ 円安物価高	
2023	令和5			
2024				
2025				
2026				
2027				
2028				

作図及び構成の転載、複製、改変等は禁止します（ビジネスモデル特許申請中）

6. ポジショニング（事例）

　こちらは、マーケティング業務などでもよく使われるポジショニングマップです。競合他社と比較して、自社の差別化ポイントを探る際などに活用されます。

　ポジショニングを検討する際に重要なのが、縦軸・横軸の設定です。それによってフィールドが変わり、比較対象やポジションが変わります。

　次のページより、ポジショニング応用例として、Apple 社の革新的な製品が開発された背景を、著者独自の視点で整理しています。参考にしていただければ幸いです。

ポジショニング

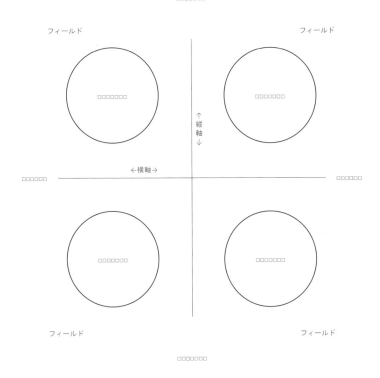

一般的なポジショニングマップ

ポジショニングから、Apple の革新を考える

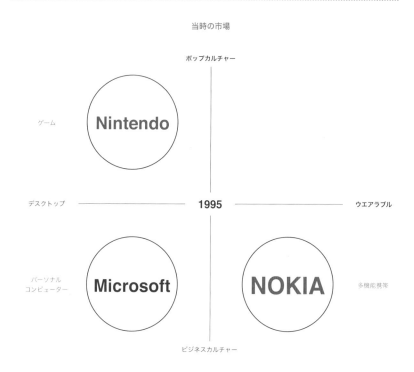

Apple 社が現在のように台頭する前の話になります。1995 年当時は、デスクトップのパーソナルコンピューティングが急激に発達していた時期でした。当時、この分野で急速にシェアを伸ばしたのは Microsoft です。

　一方で、ゲームが台頭していた時期でもあります。その最先端が任天堂でした。

　さらにこの頃、ウェアラブル（身につける）という概念が生まれ、その先陣を切ったのがノキアでした。当時のビジネスパーソンの間で、メール機能やスケジュール管理機能が入った携帯電話が流行しました。

ポジショニングから、Apple の革新を考える

Microsoftの戦略

その後 Microsoft は、自分たちの持っているノウハウを転用して、オリジナルゲーム機 X-box とオリジナル携帯電話 Windows CE を発売しました。自身と近い分野に参入して、事業の拡大を図ったのです。

これらの事業のその後は、お話するまでもないでしょう。

これが、一般的な事業拡大戦略です。「ストレッチレベルの戦略」ともいいます。誰もが考えるような常識的な戦略であり、着実な成果を得ることはあっても、大きな成功を収めることは、あまり期待できません。

ポジショニングから、Apple の革新を考える

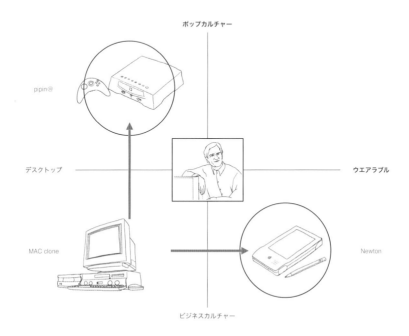

ジョン・スカリーの戦略

ポップカルチャー

pipin@

デスクトップ　　　　　　　　　　　　　　　　　　　　　　ウエアラブル

MAC clone

Newton

ビジネスカルチャー

　実は Apple も、かつては Microsoft 同様にストレッチ戦略を取っていました。スティーブ・ジョブズが不在の頃です。

　Microsoft と同じように、pipin@（ピピンアットマーク）というオリジナルゲーム機と Newton という携帯端末をつくりましたが、いずれも大きな成果を上げず販売終了。

　さらに、Windows95 を OS（オペレーションシステム）として採用するメーカーが増え続ける中、自社の独自 OS をライセンス供与した何社かの Mac clone で対抗しましたが、こちらも大きな成果には至りませんでした。

ポジショニングから、Apple の革新を考える

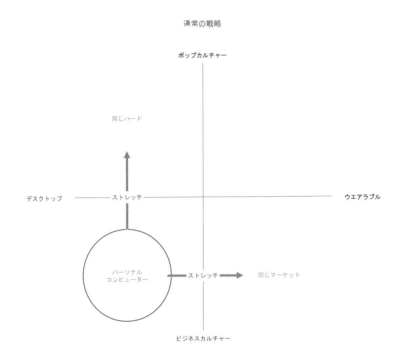

　Apple の歴史からも見るように、自身のノウハウを活用して近しい分野に参入することは、地に足の着いた事業戦略のように思えますが、すでに強豪ひしめく場合も多く、意外と成果は得られません。

　では、このような事態を避けるために、どうしたらいいのでしょうか？

　それは、核となる事業理念を確立することです。その後、Apple に返り咲いたジョブズは、「世界をよりよい方向に導く」という信念を持っていました。これこそがまさに核となる事業理念です。

ポジショニングから、Apple の革新を考える

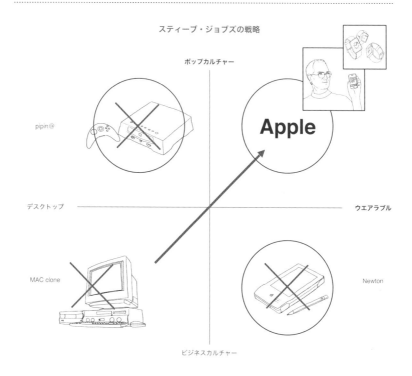

スティーブ・ジョブズの戦略

Apple に帰ってくると、ジョブズは Mac clone や Newton といった事業を閉じて Macintosh だけに絞り、新しく iPod を開発しました。信念に基づき、それまでに関わっていなかった全く違う分野に打って出たのです。

最初は単なる音楽プレーヤーにすぎなかった iPod ですが、その後、音楽配信のプラットホームを構築、さらには携帯電話の iPhone へと進化、この分野のシェアを大きく取り込んだことは、言うまでもありません。

さらには Apple Watch を開発。これぞ、まさにウェアラブルコンピューティングです。そして現在、Apple Watch の核となっているのが「ヘルスケア」でしょう。更なる新分野へ、事業を進化させています。

ポジショニングから、Apple の革新を考える

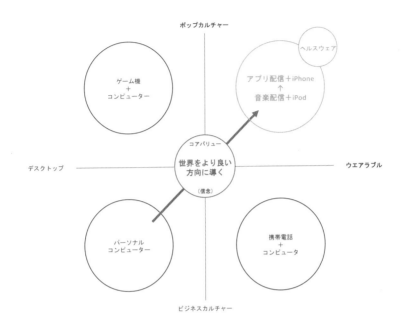

トランスフォームブランディング®

ポップカルチャー

ゲーム機
＋
コンピューター

ヘルスウェア

アプリ配信＋iPhone
↑
音楽配信＋iPod

コアバリュー

デスクトップ

世界をより良い
方向に導く

ウエアラブル

（信念）

パーソナル
コンピューター

携帯電話
＋
コンピュータ

ビジネスカルチャー

　iPod、iPhone、Apple Watch は、それまでの Apple コンピューターとは全く異なる製品に見えますが、ジョブズが信じた「世界をよりよい方向に導く」という信念を忠実に貫いた、一貫性のある製品群です。

　ジョブズは、核となる考えを「私にとってマーケティングは VALUE が全てです」という言葉で表現しています。まさに大切なのは信念、コアバリューなのです。

　このコアバリューを軸にした事業転換を「トランスフォームブランディング®」と命名、現在多くのコンサルティング先で実施いただいています。

7. ポジショニング（ワーク）

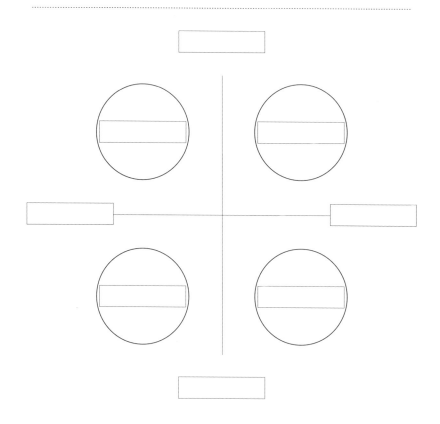

　Apple の例を参考に、自身の事業のポジショニングマップをつくりましょう。

　まずは技術転用や業界連動性が高い、ストレッチも可能な、一般的なポジショニングでも大丈夫です。考察を深めていきましょう。

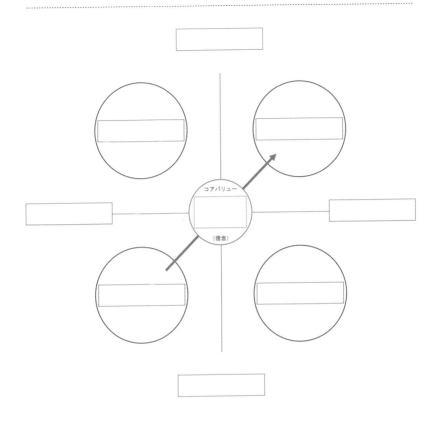

　次に、コアバリューを軸にしたトランスフォームブランディングを意識したポジショニングマップをつくりましょう。

　一見大胆な事業革新でも、コアバリューに基づけば、自身や会社が持つパフォーマンスを活かせる可能性が高く、事業発展の大きな道しるべとなります。

9．ヒストリーマトリックス（事例A）

　ヒストリーマトリックスシートでは、企業や創業者の歴史を振り返り、そこにどんな行動価値があり、転機となる出来事が起きたときに、どんな対応をとったのかを探し出します。

　そこから、どんな未来を夢見ており、そのためには現在どうすべきなのかを導き出します。これは、経営における中長期目標などの設定に役立ちます。

　一般的に、中長期目標を掲げる際は、先に理想的な未来を描いてから、現在へと落とし込むケースが多いのですが、それは正しいとはいえません。企業の持つコアバリューや使命に沿ったものではないため、地に足の着いていない机上の空論となってしまう可能性があるからです。

　つまり、行動価値の考察からコアバリューと使命を導き出さないと、目指すべき未来や現在の課題や目標といったものは見つからないのです。

　ヒストリーマトリックスの落とし込みは、ブランディングにおいて非常に重要な工程です。各項目にどんなことを落とし込んだらいいのか、次のページからは、筆者のヒストリーマトリックスを参考に解説いたします。

ヒストリーマトリックス「松下一功」

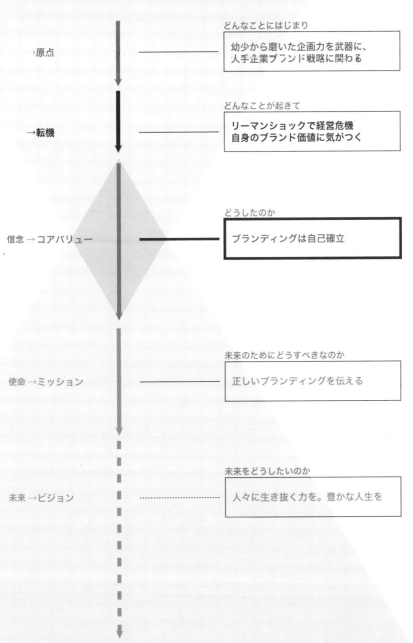

原点 —— どんなことにはじまり

幼少から磨いた企画力を武器に、
大手企業ブランド戦略に関わる

→転機 —— どんなことが起きて

リーマンショックで経営危機
自身のブランド価値に気がつく

信念 → コアバリュー —— どうしたのか

ブランディングは自己確立

使命 →ミッション —— 未来のためにどうすべきなのか

正しいブランディングを伝える

未来→ビジョン —— 未来をどうしたいのか

人々に生き抜く力を。豊かな人生を

ヒストリーマトリックスの上段、行動価値の集約を行ないます。棚卸シートで改めて振りかえった過去の行動から、現在に繋がる重要な原点と転機を見つけてください。図の逆三角形が意味するように、今までの様々な出来事や行動を内省し、集約していくイメージです。

　まずは「原点」の設定です。筆者の場合、父はデザイナーで母も弟も画才がある中、私は自分自身の才能のなさに劣等感を持っており、企画力を磨いて「画才以外で勝負しよう！」と幼少期から心に決めていました。社会人になり、大手ブランド戦略に多数関わったことが原点となります。

　順風満帆だった広告業ですが、リーマンショックで廃業寸前まで追い込まれます。「いくら不況だからといって、なぜ、自分は必要とされないのか？」この激しい自問自答の中、あることに気づきました。それは、「自分自身の真価で戦っていなかった」という事実です。

　仕事では多くのブランド戦略に関わり、その重要性を説きながら、自身の価値はさほど意識せず、大きな収益を生んでいたデザイン事業を、受け身でこなしていたのです。そのつけが、リーマンショックで露呈しました。これが大きな「転機」となります。

　「本来、自分はデザイン力ではなく、企画力で勝負することを誓っていたはずだ」「なのに収益が上がるデザイン事業でビジネスを伸ばしてきた」「結果、不況下で必要とされない自分に成り下がっていた」

　この激しい反省から、自身の真価である企画力で勝負することを心に決め、受注業務をあえて絞り込み、ブランディングのコンサルタントとして再出発しました。

　人も企業も「自己確立」こそが最も重要であり、ブランディングとは「自己確立」そのものである。

　そこから、私の信念（コアバリュー）は、「ブランディングは自己確立」だと導き出しました。

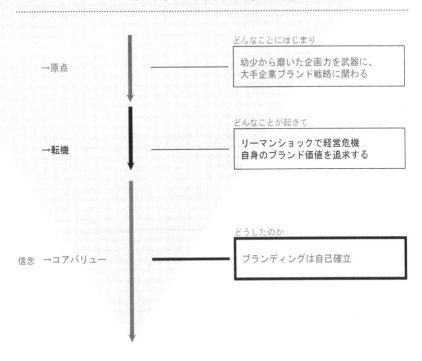

→原点

どんなことにはじまり

幼少から磨いた企画力を武器に、
大手企業ブランド戦略に関わる

→転機

どんなことが起きて

リーマンショックで経営危機
自身のブランド価値を追求する

信念　→コアバリュー

どうしたのか

ブランディングは自己確立

次にヒストリーマトリックスの下段を設定します。

先ほど導き出し、設定したコアバリューを発揮し、自分はどんな使命を果たすべきなのか、どんな社会や人生にしたいのかを考えます。いわゆるビジョン・ミッションの設定です。

多くのブランド戦略に関わり、自身の挫折や激しい内省から得た「ブランディングは自己確立」であるという確信。これは私の信念となりました。

では、私は何をすべきなのか？

当時、それまで主流だった、大手広告代理店からの受注業務以外のルートも開拓するため、とある異業種交流組織に加入した私は、個性豊かな、愛すべき経営者の方々と交流を深めていきます。その中で、経営者の大半が、かつての自分のように、真価を発揮していないことに気づきました。つまり、「ブランド戦略が整っていない」または取り組んでいても、「ブランディングが専門ではない広告会社で、少し苦労していた」のです。

「このままではもったいない」「こうした中小企業やベンチャー企業の方々に、正しいブランディングを伝える必要がある」「日本経済や経営者、そして従業員の人生にとっても重要な行動だ」

「正しいブランディングを伝える」これが私のミッションになりました。

ブランディングは単なる広報活動ではなく、自己確立そのものである。そしてその習得は、企業や人の生き抜く術となり、豊かな人生を送る力になる。こうして私のビジョンは「人々に生き抜く力を。豊かな人生を」と、なりました。

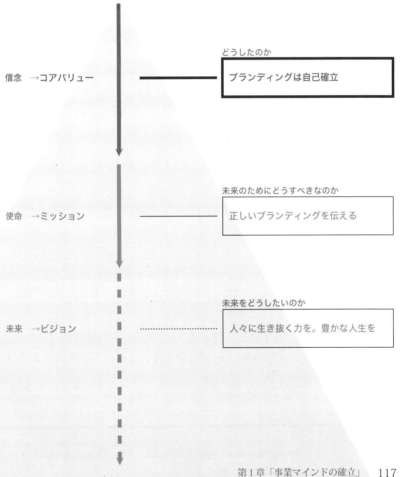

信念　→コアバリュー

どうしたのか

ブランディングは自己確立

使命　→ミッション

未来のためにどうすべきなのか

正しいブランディングを伝える

未来　→ビジョン

未来をどうしたいのか

人々に生き抜く力を。豊かな人生を

10. ヒストリーマトリックス（事例 B）

次に、「歴史相関」の事例でご紹介した「アクロスロードホールディングス株式会社」のヒストリーマトリックスをご紹介しましょう。

幼少から、比較的なんでもそつなくこなす津田さんは、それゆえに達成感の乏しい、張り合いのない日々を過ごします。これが「原点」です。

そんな津田さんが、ふとした縁ではじめた仕事が SE でした。いつものようにそれなりにこなして成果を出すつもりでしたが、そうはいきませんでした。IT の世界は深く、やればやるほど、その先がまた見えてくる。代表の言葉を借りれば「終わりのないゲームを見つけた」「ゲームの楽しさがずっと続く予感」がしたそうです。これが大きな「転機」となります。

そして IT は、生涯をかけての挑戦となりました。「IT は人に挑戦力を与える」これが信念、つまり「コアバリュー」です。

その後、起業した津田さんに、大きな使命感がわいていきます。

津田さんにとっては、生涯続くゲームのように楽しい IT への挑戦。しかし多くの SE にとっては、いわゆる請負業務。更に、体力のある若いときには稼げるが、キャリアアップの道は限られています。その一方で、技術革新が急速に進み、エンジニアが全く足りていませんでした。

この矛盾を解消するため、キャリアアップが望める SE 人材育成と、IT 化が遅れている分野や地域で活かす事業を積極的に推進しようと決意しました。「SE にチャンスを。社会に SE を」これが事業の「ミッション」です。

そしてもう 1 つ、IT には大きな可能性が秘められているという確信がありました。ソースコードと呼ばれるプログラム言語には国境がないため、その気になれば、世界中の SE たちが連携して、ともにソースコードをつくることで社会を創造できるのです。

「各方面の人々と連携して、人間中心の社会を創る」これがアクロスロードの「ビジョン」になりました。

ヒストリーマトリックス「アクロスロード」

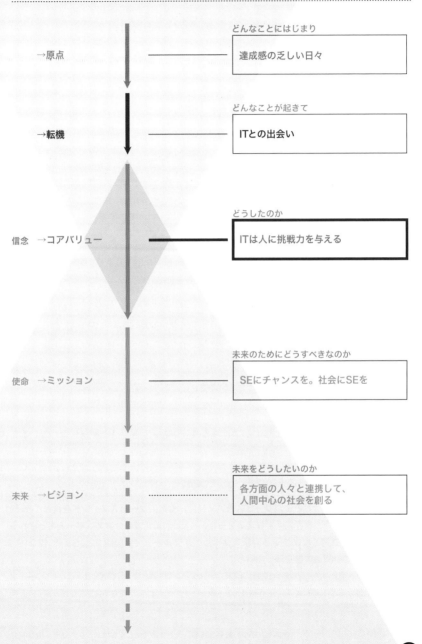

→原点

どんなことにはじまり

達成感の乏しい日々

→転機

どんなことが起きて

ITとの出会い

信念　→コアバリュー

どうしたのか

ITは人に挑戦力を与える

使命　→ミッション

未来のためにどうすべきなのか

SEにチャンスを。社会にSEを

未来　→ビジョン

未来をどうしたいのか

各方面の人々と連携して、
人間中心の社会を創る

11. ヒストリーマトリックス（事例C）

　続いて、弊社がブランディング協力させていただいた、「司法書士法人コスモ」の事例をご紹介させていただきます。

　代表の山口里美さんのご家庭は、勉強第一だったといいます。テストで100点満点をとることが当たり前であり、「70点では意味がない」＝「70％に価値はない」という意識の下に成長しました。

　幼少からの夢であるキャビンアテンダントになるため、専門課程を必死に学びますが、卒業時は不況のために希望する航空業界への就職を諦めなくてはなりませんでした。努力だけではどうにもならないこともある理不尽さに、彼女は大きな挫折を経験したのです。

　やむなく彼女は第2志望だった旅行業界に入ります。本来切望した仕事ではない悔しさをバネに、常にアンテナを張って、業務に関連することを次々に吸収していく中で、ふと法務に興味を持った彼女は、新たに司法書士へと歩んでいくことを決意します。猛勉強の末に入った司法書士の世界。しかし当時の業界は、慣例としきたりに縛られていました。

　「顧客が求める士業サービスのあり方はどのような姿なのか？」「自分が成し遂げたいサービスの本質は何なのか？」

　その苦悩と葛藤から「＋20％の価値」という信念が生まれ、＋20％のサービスで士業サービスの在り方を変え続けることが、彼女のミッションであり、ビジョンとなったのです。

司法書士法人 コスモ　代表 山口里美氏

　相続や登記などの法務サービスをメインに、士業にサービスマインドを持ちこみ、封鎖的にだった士業界に大きな変革をもたらした。特に相続の分野では第一人者とされる。相談者の気持ちによりそう経営スタイルで、グループで年間約22,139件（2019年実績）の登記の申請を承っている。

※ブランディング実施時の株式会社コスモホールディングスは、現在、株式会社グランサクシードに。行政書士法人コスモは、現在、行政書士法人みらいリレーションに、更なる発展を遂げられています。

ヒストリーマトリックス「司法書士法人 コスモ」

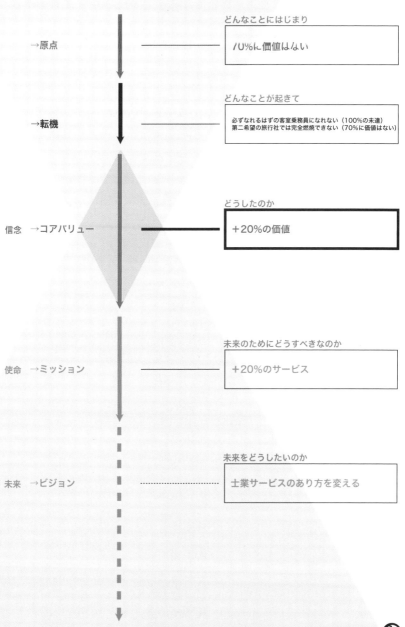

→原点

どんなことにはじまり

70%に価値はない

→転機

どんなことが起きて

必ずなれるはずの客室乗務員になれない（100%の未達）
第二希望の旅行社では完全燃焼できない（70%に価値はない）

信念　→コアバリュー

どうしたのか

+20%の価値

使命　→ミッション

未来のためにどうすべきなのか

+20%のサービス

未来　→ビジョン

未来をどうしたいのか

士業サービスのあり方を変える

12. ヒストリーマトリックス（ワーク）

　上から、「原点」「転機」「真価／コアバリュー」「使命／ミッション」「未来／ビジョン」という5つの項目があります。それぞれの項目には、上から「どんなことにはじまり」「どんなことが起きて」「どうしたのか」「未来のためにどうするべきなのか」「未来をどうしたいのか」といった観点で記入します。

　このワークで、本来持っている確固たる価値観や使命をまっとうするために、現在は何をしたらいいのか、どんな未来が描けるのかといったことも明確になります。

ヒストリーマトリックス

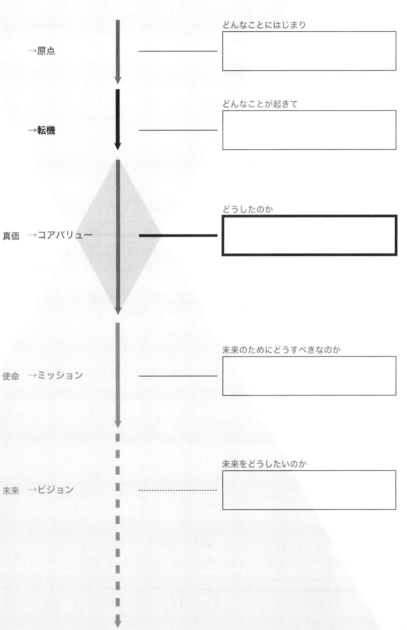

→原点　　　どんなことにはじまり

→転機　　　どんなことが起きて

真価　→コアバリュー　　どうしたのか

使命　→ミッション　　未来のためにどうすべきなのか

未来　→ビジョン　　未来をどうしたいのか

13. バリューシフト（事例A）

　共感ブランディングの観点で事業成長の経緯を見ると、決して順風満帆だったり、正常進化ではない道筋が見えてきたりします。そして、競合にはない独自の強みや個性が浮かび上がってきます。それを示したのが「バリューシフト」です。

　例えば、著者の場合は、父の影響で「デザイナー」として広告業界に入ったので、正常進化なら「ブランディングディレクター」を経て、上手くいけば「制作会社の役員」などになることが予想できます。
　しかし、画才に恵まれなかった著者は、他の部分で戦うことを幼少より意識し、自己確立に努めました。
　それが故に、企画力があるデザイナーとして独自のポジションを確立し、独立後の会社も大いに伸びていきます。すでにこの段階で、「制作者の生き方」から「企画屋の生き方」にシフトしつつあったのですが、リーマンショックが価値転換の決定的な引き金となりました。

　瞬く間にシュリンクする業界の中で、元々画才に恵まれず、企画力頼りで無理に受注していたデザイン事業は、他社との熾烈な価格競争に巻き込まれ、生き残りが難しくなりました。
　この苦難と自問自答の中で気づいたのは、自分は成すべきことを成していなかったという事実です。そのせいで、社会から必要とされていなかったのです。改めて自己を確立するべきであり、本来のブランディングとは、まさにそうあるべきだと悟りました。

　そして、これまでに培った広告業界の知識とブランディングのノウハウを組み合わせて体系化し、自身の経験と共に伝えていく「真のブランディング伝道師」として、今に至ります。

バリューシフト

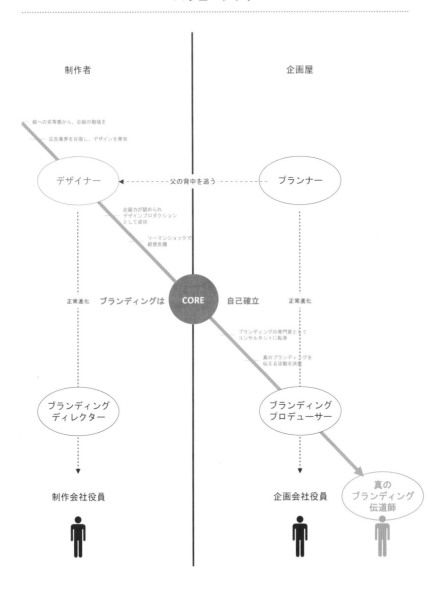

制作者 企画屋

絵への劣等感から、企画の勉強を
広告業界を目指し、デザインを専攻

デザイナー ← ----- 父の背中を追う ----- → プランナー

企画力が認められ
デザインプロダクション
として成功

リーマンショックで
経営危機

正常進化 ブランディングは CORE 自己確立 正常進化

ブランディングの専門家として
コンサルタントに転身

真のブランディングを
伝える活動を決意

ブランディング ブランディング
ディレクター プロデューサー

制作会社役員 企画会社役員 真の
ブランディング
伝道師

作図及び構成の転載、複製、改変等は禁止します（ビジネスモデル特許申請中）

14. バリューシフト（事例B）

もう1つ、「アクロスロードホールディングス株式会社」の例もご説明します。

代表の津田さんは、少年時代にパソコンと出会い、プログラミングに深い興味を持ちました。その後、新卒でシステムエンジニアとして就職します。

ここまでであれば、プログラミングのうまい「売れっ子SE」として出世軌道に乗り、「プロジェクトマネージャー」として活躍する将来が予想できるでしょう。

しかし、津田さんが本来持っているのは、興味のあることに熱中できる好奇心旺盛な気質です。こういったタイプは「起業家」に多いため、津田さんもプログラミングと出会っていなければ「起業家」となり、やがては「投資家」等になるという将来もあったことでしょう。

けれど、好きなことに熱中するタイプの真っすぐな少年はプログラミングと出会い、その面白さの虜となりました。しかし、SEを取り巻く就業環境や業界の慣例に疑問を持つようになります。

「SEによるSEのための会社をつくろう」と考えるのは、自然な流れだったのでしょう。SE中心の社会を成すことで、新しい文化を創ることができる。それを証明するために、ITで新しい文化・社会をつくることを軸に、事業を展開されてます。

バリューシフト

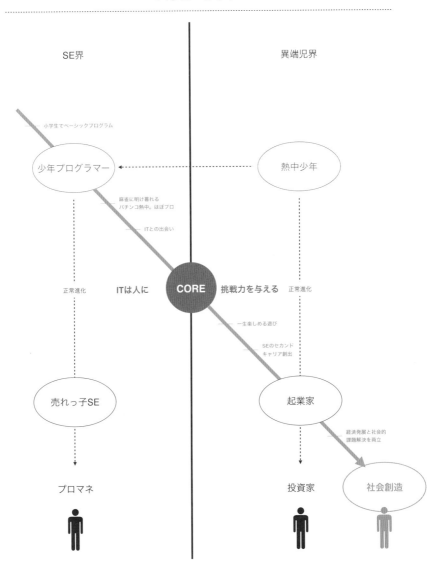

SE界

異端児界

小学生でベーシックプログラム

少年プログラマー ← 熱中少年

麻雀に明け暮れる
パチンコ熱中。ほぼプロ

ITとの出会い

正常進化　ITは人に　**CORE**　挑戦力を与える　正常進化

一生楽しめる遊び

SEのセカンド
キャリア創出

売れっ子SE　起業家

経済発展と社会的
課題解決を両立

プロマネ　投資家　社会創造

15. バリューシフト（ワーク）

このワークでは、共感ブランディングを用いて、バリューがシフトしていく様を整理します。

すると、これまでの自社の成長の道のりが明確になり、例え寄り道をしていても、正しい道へと戻れます。また、行き先を迷っている場合は、いい道標にもなります。

さらに、自分達の価値や進化を直接目にすることで、自社への肯定感が上がり、大きな自信となるでしょう。

まずは、棚卸で発見した転機となった出来事と、ポジショニングワークで導き出したコアバリューとを書き込みます。

その次に、左上に現在の職業を、左下には、それが正常進化した場合に考えられる将来を書き込みます。

次に、コアバリューを発揮したパターンの進化を導き出します。
右上に、自分が本来持っている気質にあった職業や特技を書き、その下に正常進化した将来を書きます。すると、いま自分が置かれているフィールドと、自分が活躍するべきフィールドとがわかるようになります。

さらにコアバリューを重視していくと、正常進化の一歩先を行くようなエッジの効いた理想像が浮かび上がります。それを緑の枠に書き込みましょう。そこに書かれたことが、自分が本来目指すべき使命であったり、持っている価値です。

バリューシフト

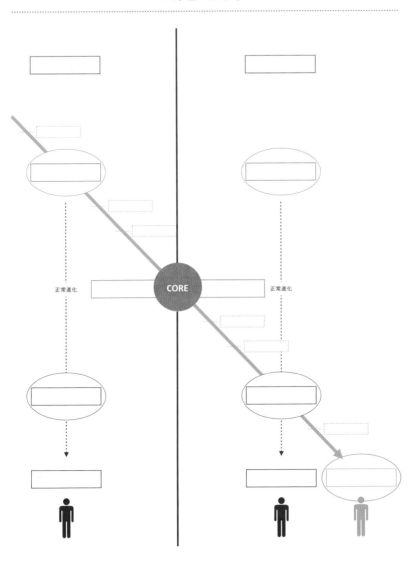

16. コアメッセージ（事例B）

　このシートでは、これまでに導き出したコアバリューや根本原理と使命を元に、自社がどういった会社であり、社会のために何がしたいのか。どんな未来を夢見ており、その未来をつくるために、いま何をするべきなのか、といったことをまとめた宣言文をつくります。

　コアメッセージをつくっておくと、自身の信念や立ち位置が明確になり、自社の説明やPRに一貫性が出ます。さらには、社内教育や採用などのインナーブランディングにも活用できます。

　右は、「アクロスロードホールディングス株式会社」の例です。こちらを参考にして、コアメッセージをつくりましょう。

（信念）

ITは人に挑戦力を与える

少年は、本来あるはずのワクワク感を失っていく。
それは社会のせいか？　教育のせいか？　それとも親のせいなのか？

期待されたとおりの結果で喜ばれてもうれしくない。
社会や常識が求めるような結果が、
自分にとってかけがいのないものとは限らないから。

MacやWindowsやNetscapeがやってのけた世界。その凄さは何だろう？

思いを馳せる間もなく、コンピューティングは社会の隅々まで行き渡った。
そして後ろには、広大なソースコードの世界が広がっている。

その膨大な数のワードは、SEが書き込んでいる世界共通の言語。
書き方に流儀はあっても決まりはない。そして当然のように国境もない。

時に終わりのないゲームのように、膨大なミッションクリアの繰り返しに苦しめられても、
自分たち与えられた、広大な挑戦権に気づくべきだ。

今こそ、どこかに忘れてきたワクワク感を、取り戻すときなのだ。

17. コアメッセージ（事例C）

続いて、「司法書士法人 コスモ」の例です。こちらもご参照ください。

コアメッセージ

〈信念〉

＋20%の価値を

100%信じていた道が閉ざされた時、私の中で何かが変わった。

死に物狂いで仕事を得た時
それは当たり前に得たものではなく、100%を超えた心と行動が与えてくれるものと知った。

士業が先生として踏ん反り返っている間に、世の中のサービスは高度化、IT化し
窮地に立たされる専門家が増えていった。

今、私たちは何をするべきか？
専門家として、法務に携わる者として、そして1人の人間として。

目の前の人と仕事とその質と満足、そして感動にこだわろう。
当たり前のサービスには価値はない。あなたが携わる意味がない。

目の前の責務に＋20%の価値を。

それはあなたが携わる大きな意義に繋がる。

そしてサービスのあり方を変える、我が社の価値をあなたが創るのだ。

18. コアメッセージ（ワーク）

　まず、タイトルにコアバリューを入れます。コアバリューを導き出したときの棚卸をした経緯や感じたこと、思いを書き入れます。

コアメッセージ

（信念）

理念経営化

・・・・・・・・・・・・・・・・・・・・・・・・・・・・・・・・・・・・・・・

第 2 章

本書で公開する「共感ブランディング® ロジック & シート」は、
多くの方の自己実現とブランド価値向上のため、
著作購入者が、自身のために活用することを許可・推奨します。
しかしながら、営利目的利用や転用、第三者への応用等は
一切認めませんので、ご留意ください。

理念経営化

価値の棚卸し
　■ヒストリー棚卸
　■フィロソフィー棚卸
　■モデル検証
　■ポジショニング

事業マインド確立
　■棚卸し
　■コアバリューの定義
　■コアバリューの象徴化
　■理念哲学の確立

理念経営化
　■経営理念・行動指針と規範
　■ビジョン・ミッション
　■スローガン・アクション
　■クレドカード＆ミーティング
　■理念浸透研修
　■組織活性化研修

CORE

インナー
ブランディング

確率編　第2章では、第1章で確立した根本価値や事業マインドを元に、経営の指針をつくります。

　具体的には、事業を行う上で、すべての源となる基本理念や経営理念を設定し、そこから行動規範・指針、そしてコアバリューを起点とした、ビジョン・ミッション・アクションを策定します。

価値の棚卸

■ヒストリー棚卸

■フィロソフィー棚卸

■モデル検証

■ポジショニング

事業マインド確立

■棚卸

■コアバリューの定義

■コアバリューの象徴化

■理念哲学の確立

)理念経営化

■経営理念・行動指針と規範

■ビジョン・ミッション

■スローガン・アクション

■クレドカード&ミーティング

■理念浸透研修

■組織活性化研修

理念経営化

理念経営化

作図及び構成の転載、複製、改変等は禁止します（ビジネスモデル特許申請中）

1．コアバリュー、ビジョン・ミッション・アクションとは

会社を経営する上で大事なのが、ビジョン・ミッションです。しかし、実際には、これらの設定が甘い企業も少なくありません。

まず第1章で明確化したコアバリューは、いわば信念でもあります。その信念に基づき、またはその真価を活かし、将来にわたって社会や人にどう貢献するのか？

それこそがビジョン・ミッションで表現される内容となります。

ビジョンとは、会社が組織として在りたい目標の姿で、文字通り映像になります。企業がどんな姿で、何を目指しているのかを示します。

また、そのビジョン達成のため、果たすべき使命がミッションとなります。
故に、ミッション無きビジョンは実現性が乏しく、ビジョン無きミッションも、どこへ向かうのかわからない、闇雲な使命感となります。

つまり、両者が一直線上に存在することで、長期的にブレない経営になるのです。

見方を変えると、ビジョンへ一直線に向かうミッションは、未来に向けての長期的な行動です。これこそがビジネスの本質になります。

そしてミッション遂行のための直近行動がアクションになるのです。

コアバリュー、ビジョン・ミッション・アクションとは

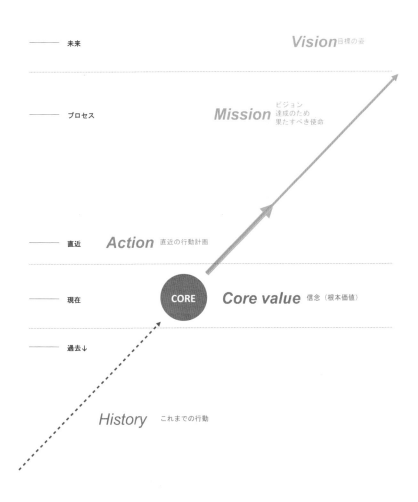

2. コアバリュー、ビジョン・ミッション・アクション（事例B）

　右記は、「アクロスロードホールディングス株式会社」の事例です。119頁で確定した、ヒストリーマトリックスがベースとなります。まずは、すでに設定しているコアバリュー（ITは人に挑戦力を与える）・ビジョン（垣根なき連携で、人間中心の社会を創る）・ミッション（SEにチャンスを。社会にSEを）を書き込みます。

　「アクロスロードホールディングス株式会社」の場合は、目指したい未来がビジョンとして明確に設定されているので、ミッションはそれを実現するための方法でもあり、中長期的な目標といった立ち位置といえます。

　ここまで書き込むと、日々の業務で取るべき言動（アクション）が見えてくるでしょう。「アクロスホールディングス株式会社」の場合は「手に職をつける時代は終わった。その技術は10年後にはもうない。職は自分で創る時代と理解し実行しよう」が、アクションとなります。

　アクション・ミッション・ビジョンの3つが1本の線で繋がることで、寄り道をしたり、立ち止まったりすることなく、ビジョンに向かって真っすぐに進んでいくことができるでしょう。

コアバリュー、ビジョン・ミッション・アクション

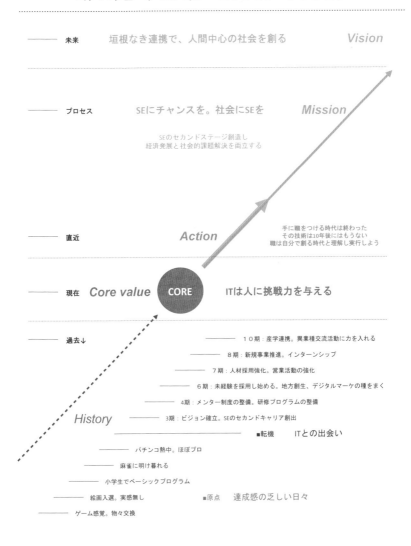

——— 未来　　垣根なき連携で、人間中心の社会を創る　　　*Vision*

——— プロセス　　SEにチャンスを。社会にSEを　　*Mission*

SEのセカンドステージ創造し
経済発展と社会的課題解決を両立する

——— 直近　　　　　*Action*　　　手に職をつける時代は終わった
その技術は10年後にはもうない
職は自分で創る時代と理解し実行しよう

——— 現在　*Core value*　**CORE**　ITは人に挑戦力を与える

——— 過去↓

——— 10期：産学連携。異業種交流活動に力を入れる
——— 8期：新規事業推進。インターンシップ
——— 7期：人材採用強化。営業活動の強化
——— 6期：未経験を採用し始める。地方創生、デジタルマーケの種をまく
——— 4期：メンター制度の整備。研修プログラムの整備
History　——— 3期：ビジョン確立。SEのセカンドキャリア創出

■転機　ITとの出会い

——— パチンコ熱中。ほぼプロ
——— 麻雀に明け暮れる
——— 小学生でベーシックプログラム
——— 絵画入選。実感無し　　■原点　達成感の乏しい日々
——— ゲーム感覚。物々交換

3. コアバリュー、ビジョン・ミッション・アクション（ワーク）

　上から、「ビジョン」「ミッション」「スローガン」「アクション」「コアバリュー」の欄があります。まずは「コアバリュー」を埋め、次に「ビジョン」「ミッション」を記入します。これは、確立編 1章のヒストリーマトリックスで浮かび上がったものを、そのまま入れるか、更に考察を深めて入れるかとなります。

　「ビジョン」が明確になっている場合は、達成のために何をすべきか考察し、ミッションを導き出します。

　逆に「ミッション」が明確になっている場合は、その使命を果たし、企業や社会にどう貢献できるのか、スタッフがどんな成長を遂げられるのかなどを考察し「ビジョン」を導き出します。

　例えば、今月、今年、または3か年といった短期的な視点で、ビジョン達成のために何をするのかといった具体的な行動を決めることが、いわゆるアクションプランになります。

コアバリュー、ビジョン・ミッション・アクション

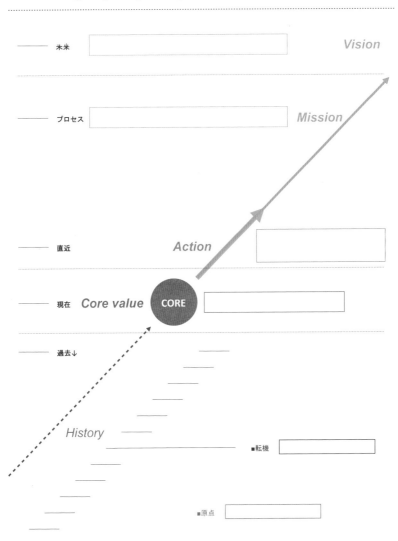

4. 理念体系

　理念とは、「物事についての、こうあるべきだという根本の考え」とか「物の原型、不変の完全な存在。イデー、イデア」等、一般に定義されており、そもそも広義的ですが、企業における理念も、経営理念、企業理念、社是、社訓、MISSION、VISION、CoreValue、Value、ACTION、CREDO、行動理念、行動指針等、数多く存在し、それぞれの専門的な解説や好事例も多く存在します。これら1つひとつの深い理解と考察は確かに重要ですが、それぞれの関連性を体系的に理解しないと、効果的な導入が図れません。著者は、右のような図で、企業における理念を体系的に説明しています。

　企業における理念は、まず事業に関わる者1人ひとりの理念と、企業が全体として持つ理念に分かれます。

　多くの企業は、最初は1人の創業者や、少数のチームではじまります。そこには創業史があり、社史があります。こうした過去を振り返ると、創業者やチームが人として大切にしてきた、または一貫した想いがあるはずです。それらを定義するのが「基本理念」です。なぜそれが「基本」となり得るのか？　本来の事業拡大は、利益の分配のみで人が増えるのではなく、創業の想いをベースに人が集い、拡大するからです。

　そして「基本理念」をベースに、1人ひとりがどう行動すべきかを定義するのが、「行動理念」「行動規範」「行動指針」となります。

　では、企業が全体として持つ理念、「経営理念」ですが、こちらは「MISSION VISION VALUE」に関連します。企業は、根本的な行動価値を活かし、理想の社会を実現するために、社会に貢献します。その流れは「MISSION VISION VALUE」で表現されますが、例えばその全体像を明文化したり、特に大切な「CoreValue」の真意を、別の角度で表現したり、「VISION」を具体的に書き記したりと、様々な表現が考えられます。

　このように、それぞれの理念を体系的に捉えれば、事業活動における意思決定や行動計画に、適切に活かすことができるようになるのです。

理念体系

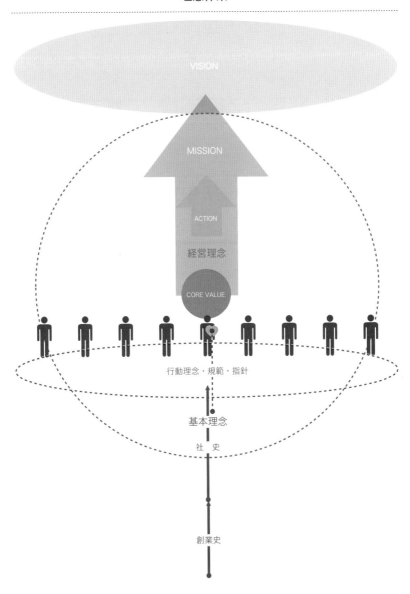

5．理念設定（事例B）

　それでは理念設定シートを用いて、基本理念を考察し整理しましょう。

　「アクロスロードホールディングス株式会社」の事例を検証します。
　このケースでは、コアバリューの設定で浮かび上がった信条や信念に基づき、考察を深めています。

　「アクロスロードホールディングス株式会社」のコアバリューは、「ITは人に挑戦権を与える」です。
　それは、ITに携わる者たちが、文化を創り上げていく強い自負心を持ち、連携すれば、人々の暮らしをより豊かに出来ることを意味します。

　この想いと確信から導き出された理念が、「共に文化を創る」です。

　また、その真意を補足する文章が、「数々の先進が、やがて当たり前になり文化創造の一助となっていく。故に我々は、共に協力し、仕事を通じて社会に貢献、人々の暮らしを、より豊かに前進させなければならない。」となるわけです。

基本理念

共に文化を創る

数々の先進が、やがて当たり前になり文化創造の一助となっていく。
故に我々は、共に協力し、仕事を通じて社会に貢献、
人々の暮らしを、より豊かに前進させなければならない。

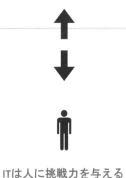

ITは人に挑戦力を与える　　　　　コアバリュー

6. 理念設定（ワーク）

理念設定シートを用いて、自社の基本理念を考察し整理しましょう。

まずは一番上の枠に「基本理念」と書き込みます。

次に第1章で確立したコアバリューを、一番下の枠に書き込みます。

そしてコアバリューを考察した際、振り返った過去の経緯や浮かび上がった信条や信念について、再度考察を深め、3番目の枠に書き綴りましょう。

最後に、理念として端的な文章にブラッシュアップし、2番目の枠に書き込みます。

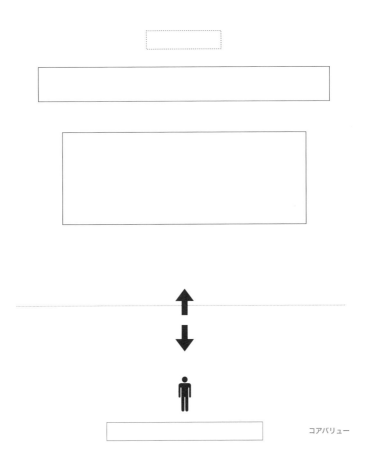

コアバリュー

7. 行動規範と指針（事例B）

　「行動規範」は、１人ひとりが事業活動を遂行するにあたり、依るべき基準を。
　「行動指針」はその方向性を示します。

　例えば「アクロスロードホールディングス株式会社」の場合、多くの人手と時間を必要とする大型プロジェクトほど、チーム内でどう行動するかが問われ、深く自発的にプロジェクトに関わる者ほど、その達成感は大きい様を、誰しもが経験し実感している「文化祭」に例え行動規範とし、その真意を伝えようとしています。

　また「主体性、解決力、長所伸展、共創力、先進性」の５つの切り口で、その具体的な行動を記載し、「行動指針」としています。

行動規範

ITプロジェクトは文化祭だ

関わり方次第で素晴らしい経験になる

▼

行動指針

主体性	解決力	長所伸展	共創力	先進性
仕事は自分で 創るものだ	技術は手段 貢献こそ価値だ	自分の強みを まず伸ばせ	プログラム言語に 垣根はない	走りながら 考えろ
ジャッジは 自分で下さないと やらされる感がつきまとう そんな関わり方ばかりでは 生産性が低いし 言い訳しか産まない チャンスがあれば 自ら仕事を創るべきだ それこそが人生における 仕事の意味でもある	例え技術を習得しても 使わなければ意味がない ましてやその技術だって 10年後には機械が肩代わり 大切なことは 社会問題の解決に ブリッジして 人や社会に役立つこと そのための手段に過ぎない	技術は会社から 与えられたり プロジェクト参加で得られる 重要なのは 自分の強みや 得意分野をそこに 見いだす事 ストロングポイントが ひとつでもあれば 視点・観点の レベルが上がり 物事を俯瞰して捉えられる	ソースコードは 世界共通の言語 だから国境を 越えて誰とでも プロジェクトを組める その気になれば 世界中の人たちと 共創できるはずだ この素晴らしさ 可能性を理解し ネットワーキングし 大きな事を成し遂げろ	例えばヘビに狙われ 考えてたらやられる 社会は加速度的に 変化している 今や周到な準備より 分からなくても感や本能 センスでまず動くべきだ つまり走りながら 次の行動を決めるのだ ヘビにかまれる前に
↓	↓	↓	↓	↓
あるべき姿	仕事の意味	自己実現	人脈創造	心がけ

8. 行動規範と指針（ワーク）

　それでは「行動規範」と「行動指針」を考察しましょう。

　まず、「行動規範」を大きな視点で考え、一番上の枠に書き込み、言い足りないことや説明的なコピーを下の枠に書き込み、補足しましょう。

　「行動指針」はいくつでも構いませんが、5つぐらいが覚えやすいようです。
　シートに記載していますが、「あるべき姿」「仕事の意味」「自己実現」「人脈創造」「心がけ」のように、柱を決めて進めると整理しやすくなります。

行動規範と指針

行動規範

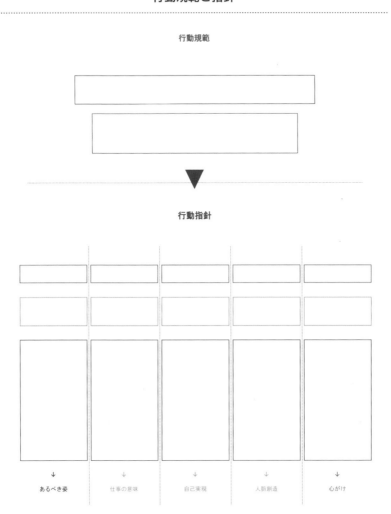

行動指針

↓ あるべき姿
↓ 仕事の意味
↓ 自己実現
↓ 人脈創造
↓ 心がけ

9. ブランディング経営

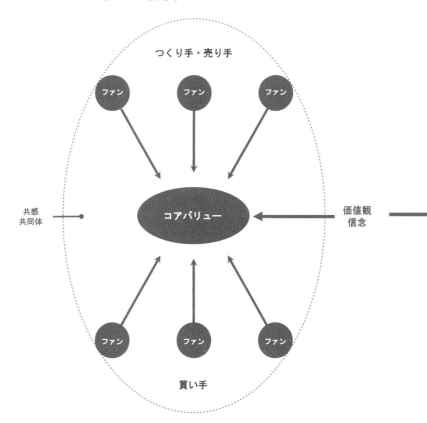

　経営戦略といえば、マッキンゼーの「7s」が有名です。ハード・ソフトの７つの資源から組織を分析して、組織戦略の考案・見直しに使われます。特に近年は、シアドバリュー（共通価値の創造）が重要視され、経営戦略・方針が企業価値と社会価値を創出しているかが問われるようになりました。これらは有効な経営戦略ですが、実際には、経営戦略の中核となるバリューが正しく設定されていないために、流行に流された戦略や、内情を考慮しない非現実的な経営戦略を掲げる企業も少なくないようです。

ブランディング経営

　コアバリューを軸とした人財戦略と事業戦略を設定することで、ブランディングとリンクした効果的な経営革新が可能になります。

　言い換えれば、コアバリューを軸としたブランディングは、経営革新そのものなのです。

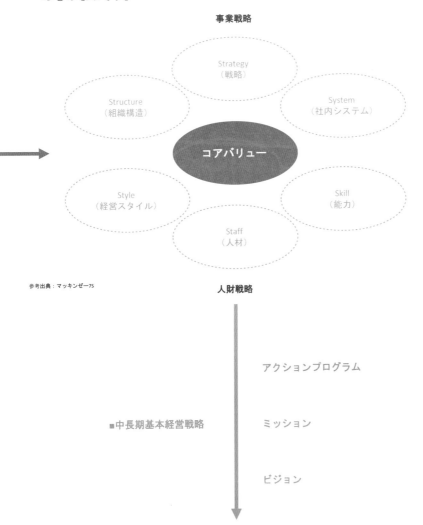

事業戦略

Strategy
（戦略）

Structure
（組織構造）

System
（社内システム）

コアバリュー

Style
（経営スタイル）

Skill
（能力）

Staff
（人材）

参考出典：マッキンゼー7S

人財戦略

アクションプログラム

■中長期基本経営戦略

ミッション

ビジョン

作図及び構成の転載、複製、改変等は禁止します（ビジネスモデル特許申請中）

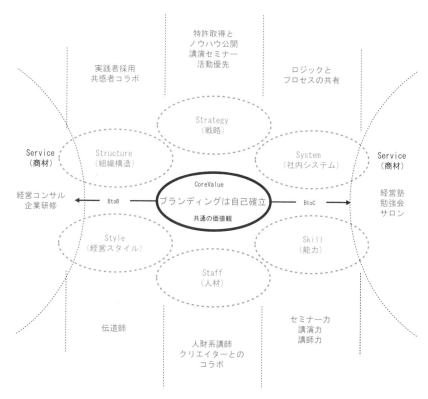

10. 9Sアクションプログラミング（事例A）

　前述の経営革新プロセスをシート化したのが「9s アクションプログラミング」です。中央が「コアバリュー」で、上がハード面（組織構造・戦略・社内システム）、下がソフト面（経営スタイル・人材・能力）の戦略に分かれています。そして左右が商材となります。まずはコアバリューを記入し、全体を俯瞰しながら進めてください。

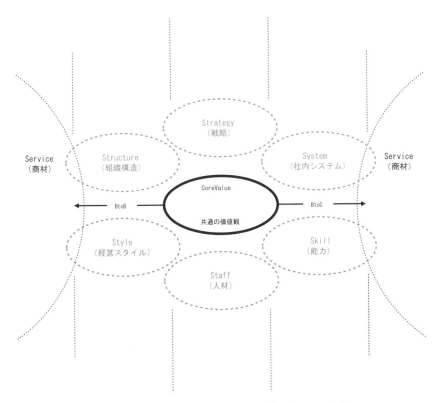

11. 9Sアクションプログラミング（ワーク）

　このワークで現れた各策と現状とをすり合わせれば、本当に取り組むべき対策は何なのか、不要な策をとっていないかが、明確になります。

12. ブランディングと永続経営

　右図は、共感ブランディングの観点で、「永続経営」を実現するプロセスを図式化したものです。元祖明太子で有名な「ふくや」を例に、著者の視点でご説明しましょう。

　株式会社ふくやは、昭和24年に博多・中州に誕生した小さな食料品店でした。店主の川原俊夫氏は、かつて大陸で食べた味とその幸福感が忘れられず、明太子の製造に乗り出します。経営危機や苦難を乗り越え、改良を重ねて、昭和35年頃、遂にその味を確立。人気商品となります。その後、川原氏は、周囲の反対にも耳を貸さず、味付け以外の製造方法を公開。さらには同業者に技術指導すら行います。その信念は、「明太子が日本の惣菜の定番になること」だったそうです。

　右図の下部はその経緯を表現しています。事業には起源があり、信念がなければ物事は成し遂げられません。そして事業が花開くと、先行利益が得られます。多くの人はここで自社の利益をどう守るかに苦慮します。なぜならば素晴らしいアイデアや手法は、必ず模倣されるからです。そこで特許という選択肢は、共感ブランディングの観点ではあまりおすすめできませんが、ブランドになるために、商標（®レジスタンスマーク）の登録は必ずおすすめします。

　その後、川原氏の技術指導の甲斐もあり、多くのお店が独自に味付けした明太子を製造、一斉に販売しはじめますが、ちょうどその頃、開通した新幹線効果と相まって、明太子は博多の名産品へと大成長したのです。

　右図のグリーン部分のプロセスがここにあたります。市場は一気に拡大し、類似ブランドも乱立しますが、本家の価値は変わりません。その事実を明確にし、守るために「商標」は取得しておくのです。そして拡大した市場の中で、確固たるポジションと収益を確保できるのです。

　右図の上部をご覧ください。後生、明太子が食卓のスタンダードで在り続ける限り、ふくやの伝説も生き続けます。これぞ正に、永続経営ではないでしょうか。

ブランディングと永続経営

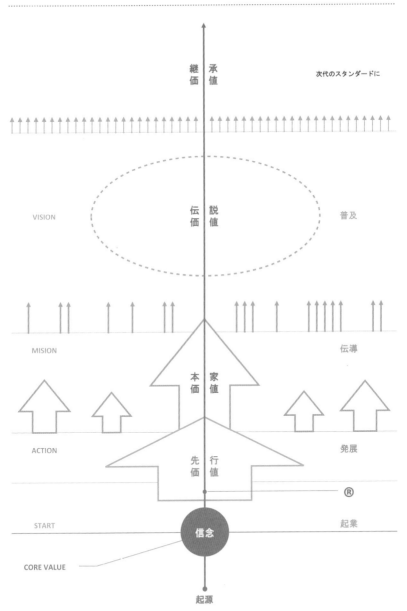

継承
価値

承値

次代のスタンダードに

VISION

伝説
価値

普及

MISION

本家
価値

伝導

ACTION

発展

先行
価値

®

START

信念

起業

CORE VALUE

起源

ファン創造

・・・・・・・・・・・・・・・・・・・・・・・・・・・・・・・・・・・

第3章

ファン創造

■ヒストリー棚卸

■フィロソフィー棚卸

■モデル検証

■ポジショニング

事業マインド確立

■棚卸し

■コアバリューの定義

■コアバリューの象徴化

■理念哲学の確立

理念経営化

■経営理念・行動指針と規範

■ビジョン・ミッション

■スローガン・アクション

■クレドカード＆ミーティング

■理念浸透研修

■組織活性化研修

ファン創造

■ブランドストーリー

■ブランドプロミス

■ブランドタグライン

■ネーミング

■ビジュアライズ＆体系化

■コミュニティー化

CORE

インナー
ブランディング

アウター
ブランディング

第2章では、創業の想い、事業使命等を言語化することで、企業や経営の理念を明確化しました。

第3章では、その共感者を増やすためのメッセージを作成して発信することで、ユーザーからファン、そしてチームへと成長させて巻きこんでいく、いわばファン創造の領域になります。

具体的には、ブランドタグラインとブランドプロミスの設定。更には、ブランドストーリーとプロフィール、スピーチシナリオといった、広く社会に伝えて浸透を図っていくライティング手法となります。

■ヒストリー棚卸

■フィロソフィー棚卸

■モデル検証

■ポジショニング

◎事業マインド確立

■棚卸

■コアバリューの定義

■コアバリューの象徴化

■理念哲学の確立

◎理念経営化

■経営理念・行動指針と規範

■ビジョン・ミッション

■スローガン・アクション

■クレドカード&ミーティング

■理念浸透研修

■組織活性化研修

◎ファン創造

■ブランドストーリー

■ブランドプロミス

■ブランドタグライン

■ネーミング

■ビジュアライズ&体系化

■コミュニティー化

ファン創造

メッセージ&ビジュアライズ

1. ブランドタグラインの効果を考える

　ブランドタグラインとは、ロゴマークなどの上にある短いキャッチコピーのことです。一般的には、ブランドの想いや消費者にどんな利益を与えたいのかを端的に伝える役割を持っているといわれます。

　しかし、実際には、もっと深い意味を持ちます。コンビニエンスストアのローソンを例に、著者の見解でご説明しましょう。

　ローソンのブランドタグライン「マチのほっとステーション」は、一見すると「お客さんが気軽に行けるお店です」と伝えているように見えます。

　もちろん、この解釈は間違いではなく、「お客さんがほっと一息つけるような存在になりたい」という意味も込められているでしょう。

　しかし、ブランドタグラインの効果が発揮されるのは、むしろローソンで働くスタッフに対してです。「マチのほっとステーション」と掲げることで、スタッフが「お客さんがほっと一息つけるお店で働いている」という意識を持って働くようになる、一種の経営戦略なのです。

　仮に、ローソンのブランドタグラインが「街のなんでもショップ」だったとしましょう。その場合、スタッフは「自分は街の百貨店に働く者」という意識を持ち、より多くの商品を提供するべく行動するようになります。

　ブランドタグラインが「マチのほっとステーション」の場合、商品提供以上に、お客さんが"ほっと"できる場所になろうという意識が働きます。

　例えば、よく道を聞かれる店舗では、近隣のマップを店内に貼ったり、オフィス街にある店舗では、仕事の疲れを癒してもらうために、店内コーヒーの種類を増やすといった工夫をするかもしれません。

　このようにブランドタグラインは、アクションプランに準じていたり、ビジョン、ミッション、バリューのいずれかに準じていたりと、経営方針が表現されているものが多いのです。

ブランドタグラインの効果を考える

マチのほっとステーション
LAWSON

マチのなんでもショップ
LAWSON

2. ブランドタグライン開発（事例B）

　前述のように、一種の経営戦略であるブランドタグラインは、ビジョン、ミッション、バリューのいずれかに準じるのが効果的です。

　故に、右のシートを用いて、それらをわかりやすく整理、ブランドタグラインを導き出します。

　「アクロスロードホールディングス株式会社」を例に、その設定の仕方を確認しましょう。

　まずは、既に導き出したコアバリューの「ITは人に挑戦権を与える」、ミッションの「SEにチャンスを。社会にSEを」、ビジョンの「垣根なき連携で、人間中心の社会を創る」を書き入れます。

　更に、理念が設定されている場合は、これも書き加えます。「アクロスロードホールディングス株式会社」の場合は、「共に文化を創る」が基本理念で設定されています。

　これらを俯瞰し、現状、最も訴えたいブランドタグラインを導き出します。

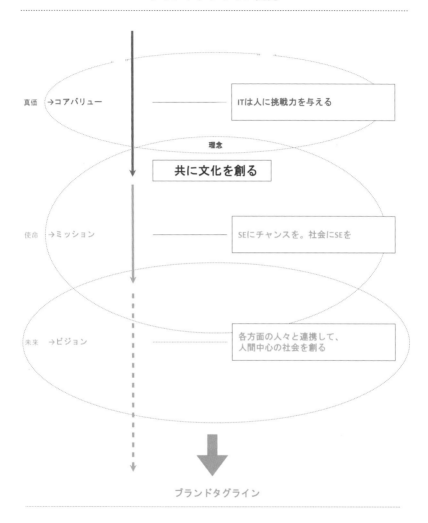

ブランドタグライン開発

真価 →コアバリュー ———— ITは人に挑戦力を与える

理念

共に文化を創る

使命 →ミッション ———— SEにチャンスを。社会にSEを

未来 →ビジョン ········· 各方面の人々と連携して、
人間中心の社会を創る

ブランドタグライン

システムから文化を

3. ブランドタグライン開発（ワーク）

　上から「コアバリュー」、「理念」「ミッション」「ビジョン」「ブランドタグライン」を書き込む欄があります。「コアバリュー」から「ビジョン」までは、第1章、第2章で導き出したものを記入しましょう。

　その上で、自社に合ったブランドタグラインを考えます。まずは、自分たちの理念や価値や目指すものを思い出してみてください。

　そして、内外に向けて発信したいことや絶対に守り続けたいポリシー、将来的な大きな目標、スタッフやお客様に約束する価値などを俯瞰してみてください。

　それを誰もに届けやすいシンプルな言葉に変換したら、ブランドタグラインの完成です。

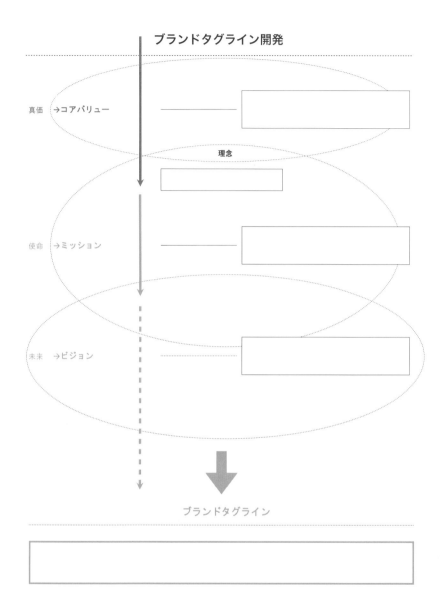

ブランドタグライン開発

真価 →コアバリュー

理念

使命 →ミッション

未来 →ビジョン

ブランドタグライン

4．タグラインとブランドプロミス（事例B）

　ブランドプロミスとは、ブランドが約束する価値の宣言文を指します。多くの場合、1つ前のワークで設定したブランドタグラインと対で表現された内容がリンクします。

　ブランドプロミスを宣言することで、自分たちの在り方を自覚し、消費者への理解も促せます。

　つまり、ブランドタグラインとブランドプロミスは、インナー・アウターブランディング両方に発信できる言葉です。ローソン、カゴメ、パナソニック、花王など、ブランドプロミスを公開している企業も多く存在します。

　「アクロスロードホールディングス株式会社」のブランドプロミスを参考に、そのニュアンスをご確認ください。

タグラインとブランドプロミス

（ブランド宣言）

システムから文化を

隅々まで行き渡ったシステムプログラムが、
様々なハードウエアを制御し、社会を動かしています。

後ろに広がる膨大なソースコードが、仮想と現実を連携させ、
理想を実現へと結実させていきます。

その膨大な数のワードは、SEが書き込んでいる世界共通の言語。
国境や地域、専門分野を超えて連携し、プロジェクトを前へと推進しています。

それら数々の先進が、やがて当たり前になり文化創造の一助となっていくのです。

システムから文化を。

私たちの貢献に、限界はないと考えます。

5．タグラインとブランドプロミス（事例C）

　「株式会社コスモホールディングス」のブランドプロミスです。自分たちの在り方や存在価値を明確にすることで、インナー・アウターブランディングに響くよう工夫されています。

　ブランドプロミスが在り方を表現することで、同業他社との違いが伝わりやすくなります。

タグラインとブランドプロミス

（ブランド宣言）

あなたに会えてよかった

依頼者の要求に100%応えるのは、専門家として当然のこと。

しかし一人の人間として、私たちは自分が対応させていただく意義を追求したい。

対応は早かったか？　その方にとってベストだったか？
現時点、現状況で最良の選択ができたか？

本当に親身になって寄り添い、結果を求める。このご縁はかけがえのないもの。

「あなたに会えてよかった」

その一言、感動を大切にしたい。専門家として以上に、一人の人間として。

それは私たちのサービスの、純粋なゴールでもあります。

6．タグラインとブランドプロミス（ワーク）

　まずは先ほどのワークで導きだしたブランドタグラインを書き入れます。

　次に、自身のバリュー、ビジョン・ミッション・アクション等を見つめ直して、内外に宣言しましょう。

タグラインとブランドプロミス

（ノランド宣言）

7．ブランドストーリーにまとめる（事例B）

　ブランドを語る上で、ブランド誕生の歴史や創業者の想いなどのストーリーは欠かせません。しかし、歴史が長い場合は、出来事が多く、散漫な話になったり、反対に創業間もない企業の場合は、事象も少なく、深みのある話に出来なかったりと、意外と難しいものです。

　「アクロスロードホールディングス株式会社」を例に、効果的なブランドストーリーのつくり方をご説明します。ポイントは、既に設定したMVVに基づき、歴史を「起・承・転・結」でまとめることです。

　起点となっているのは、創業者の幼少期から青年までの平凡だった過去をまとめた「達成感の乏しい日々」という章です。その後、プログラミングとの出会いによって日常が激変。可能性に満ちた毎日を送ります。しかし業界の在り方や働き方などに疑問を持ちはじめた津田さんは、人間中心の事業を実現すべく創業を決意。ここまでが「終わりなきゲームとの出会い」という章です。

　様々なプロジェクトを一丸となって推進、日々奮闘する中で強くなっていった信念、それはコアバリューでもある「ITは人に挑戦力を与える」という想い。そして見えてきた使命「SEにチャンスを、社会にSEを」。最後は、終わりのない「垣根なき連携で人間中心の社会を創る」というビジョンで締めています。

　今一度143頁のMVVをご確認ください。ブランドストーリーは、MVVと連動させることで、共感力のある物語になるのです。

　この基本的なストーリーを長くしたり、短くしたり調整し、展開することで、企業プロフィール、講演会での自己紹介スピーチ等、様々なPR活動に、一貫した説得力を持たせます。

ブランドストーリーにまとめる

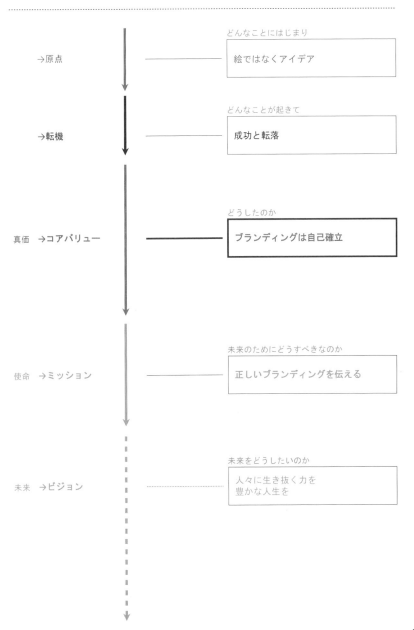

→原点 　どんなことにはじまり
　　　　絵ではなくアイデア

→転機 　どんなことが起きて
　　　　成功と転落

真価 →コアバリュー 　どうしたのか
　　　　ブランディングは自己確立

使命 →ミッション 　未来のためにどうすべきなのか
　　　　正しいブランディングを伝える

未来 →ビジョン 　未来をどうしたいのか
　　　　人々に生き抜く力を
　　　　豊かな人生を

タイトル		ITは人に挑戦力を与える				
サブタイトル		SE にチャンスを。社会にSEを				

章		起			承	
		達成感の乏しい日々			終わりなきゲームとの出会い	
タイトル		実感のない 表彰や評価	与えられた ベーシック	達成感の乏しい日々	終わりなき ゲームとの出会い	人間中心の 事業を目指して
ストーリー		小学校に入るまでは純粋だったと思う。習い事もちゃんと通っていた。体操とか絵とか工作、教室のような所。自分の作品が百貨店で展示され、親に連れられ見に出かけたことがある。自分が描いた絵より上手い作品ばっかりだった記憶はあるが、自分が何を描いたのかは覚えていない。ただ、やられたもので、評価されても嬉しくなかったのかもしれない。おそらく疑念もあったのだと思う。なんとなくわだかまりを覚えている。	プログラムとの出会いは早かった。小学2年。シャープのMZ は父のものだが、父はほとんど触らない。キーボードを打てばゲームがつくれると取説には書いてあった。だからゲームがやりたかったから。いくつかゲームを書いて、それだけで終わった。興味があったのはゲームをプログラムした。いし、プログラムを記録したカセットテープも伸びきって使えなくなったから。	その後も、体操とか水泳で記録を出したとか、親にしたら終わる。結局そうなる。習字を習わされたり、友達とのかけ引きでメンコを何千枚も集めたり、いろんな達成感をなんとなく覚えているが、感動はあまりなかったと思う。鮮明に思い出すのはゲームの楽しさ。トランプなら4面を1人でやっても楽しかったし、高校ではパチンコにはまり、パチプロ並みに出入り禁止になったり。そんなゲーム続いたから、パチンコメーカーに就職することすら考えていた。	大好きなゲームも達成したら終わる。結局そうなる。れたミッションをこなしているだけ。それほど意欲もなく、漠然と就職を考えていた時、プログラマーの仕事を紹介される。Windows95 が世間を騒がせた頃の話。いつものように軽い気持ちではじめたら、それはとんでもない世界だった。何もかもがわからない、正解もない。先輩が言うこともバラバラ。焦った。終った。だからこそ燃えた。得体の知れない可能性が、目の前に広がった。	就職した会社の業績はよかった。仕事はひっきりなし。さまざまな得体の知れないソースコードと格闘していた。JAVA も実装されはじめていたしファームウェアはシンプルすぎて意味不明。終わりのないゲームが続く。楽しいし燃えるが、身体がもつのだろうか？他のSEもみんな消耗していた。現場を離れるやつが出て、また新しいやつが来て。さすがの自分もこんなのは間違ってる！と強く思いはじめた。創業への思いが込み上げてきた。
趣旨		与えられた評価の疑問	ベーシック体験だが 与えられたに過ぎない	中高大の様々な社経験 達成感はないが ゲームだけは夢中になれた	IT業界の楽しき泥沼へ	創業の思い
メイン画像		幼少の写真	ベーシックマシン	大学時代	Windows95	創業の頃
サブ画像						
スピーチ						
BGM						
ショートPV						
BGM						□□□□□□
年史						

（ストーリーチャートの作成）

	転			結
	ITは人に挑戦力を与える			垣根なき連携で人間中心の社会を創る
ソースコードに限界はない	ITプロジェクトは文化祭だ	ITは人に挑戦力を与える	SEにチャンスを社会にSEを	システムから文化を
新会社は、同じ思いを持つ仲間が集まり、2010年に立ち上がった。Appleの創始者が亡くなり、震災で東京が真っ暗だった時だ。そんな中、自分たちの挑戦ははじまった。やらなければならないことはわかっていた。人間中心の事業、同志を集め、人財を育て、目の前に広がるITの可能性に挑み、社会を進化させていく。我々が扱うソースコードは、世界共通の言語。そこには国境も限界もない。だから距離や言語を超えて、多くの同士を集め挑むのだ。	皆は文化祭を覚えているだろうか？ 文化祭が終わった時、泣ける人は、その企画や準備、実行に深く関わった1人ひとりであり、その歓喜は、お互いに協力して創り上げた者達から同時に発せられる感動の声だ。私たちはITの現場を大きく変えようとしている。本来ITプロジェクトは、広大なソースコードを、皆で協力し、補い合いながら進める文化祭のようなものだ。だからこそ私たちは、協業、共創の人間企業を目指すのだ。	今、コンピューティングは社会の隅々まで行き渡った。そして後ろには、広大なソースコードの世界が広がっている。その膨大な数のワードは流儀はあっても、決まりはない。そして当然のように国境もない。時に終わりのないゲームのように、膨大なミッションクリアの繰り返しに苦しめられても、自分たちに与えられた、広大な挑戦権に気づくべきだ。「ITは人に挑戦力を与える」	SEは、ソースコードを打ち込み続けることが人生ではない。その作業は一途でもなく、時に後戻りしたり、絡み合ったりするが、社会を創る大きな意味がある。その意味を理解すれば、社会を創る行動の選択肢が広がっていく。ある者は地域社会に貢献できるし、ある者は教育の在り方を変え、またある者は流通の仕組を変えるかもしれない。我々はSEのセカンドステージを考え、創造し続ける。その行動は経済発展と社会的課題解決の両立に繋がるのだ。	隅々まで行き渡ったコンピューティングと無限に広がりつながるソースコード。そして、開発者が試行錯誤し、実現する数々の先進が、やがて当たり前になり、文化創造の一助となっていくという事実。仮想空間と現実社会の連携が提唱される今だからこそ、我々に課せられた使命。それは各方面の人々と連携して、人間中心の社会を創ることだと私たちは考える。システムから文化を。私たちの貢献に、限界はない。
ソースコードには国境も限界もない	協業、共創の人間企業へ	真価	SEのセカンドステージ 創造する 経済発展と社会的課題 解決を両立する	いただいたご縁 そして Society 5.0
ウクライナ採用	コアメンバー集合写真	オフィスシーン	社内ミーティングシーン	地方創生シーン

8．ブランドストーリーにまとめる（事例A）

同様に著者の事例も掲載します。

ブランドストーリーにまとめる

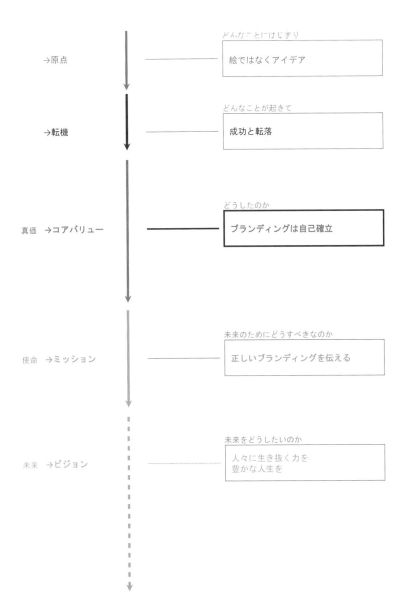

→原点 どんなことにはじまり
絵ではなくアイデア

→転機 どんなことが起きて
成功と転落

真価 →コアバリュー どうしたのか
ブランディングは自己確立

使命 →ミッション 未来のためにどうすべきなのか
正しいブランディングを伝える

未来 →ビジョン 未来をどうしたいのか
人々に生き抜く力を
豊かな人生を

章	起			承	
	絵ではなくアイデア			成功と転落	
タイトル	業界への憧れ	幼少期の挫折	絵ではなくアイデア	バブル期にデザイナーデビュー	高まる評価
ストーリー	私は北海道札幌で昭和37年に生まれました。父は元農協職員でしたが、絵画が大好きでデザインを独学で学び、フリーランスに、その後自分の作品を売り込み、大手広告代理店に勤めます。当時としてはかなりの行動力だと思います。その頃のデザインは全て手描き。フリーランスの頃は自宅作業場にお弟子さんが2人いて、ポスター等、広告の仕上げを分業していました。若いお弟子さんたちは幼かった私とよく遊んでくれたので、当時の情景はよく覚えています。写真は当時、父が担当していた大手銀行の広告での、写真に写っている子どもが、実は私です。ちょうど入学時期で広告のテーマにあっていたことからの出演でしたが、幸いクライアントにも好評で、その後レギュラーで数多くの新聞広告やポスター、テレビCMに使っていただきました。当時の広告代理店や写真スタジオ、ロケ現場等は、幼い私にとってとても華やかな世界。もう小学校の頃には、「自分もデザイナーになりたい」と、強く思うようになりました。	私の家庭は父だけでなく、母も美術や洋裁に精通しており、必然的にというか妙に絵や美術の教育に熱心なところがありました。例えば家の中は落書き自由。壁や建具に落書きをしても怒られることはなく、むしろそれを見て褒めてくれたり、父も絵を書き足すなど家がキャンバス状態。また学校の宿題や成績にはほとんどダメ出ししないので、図工や美術の成績が落ちると、異様に怒るなど、こと美術については、かなり極端に教育されていたのです。そんな教育方針のことは、3つ年下の弟に対しても当然同様に、彼が小学校に入ってからは、学校写生コンクールや公募のコンテスト等で、入賞を繰り返すようになっていました。私も当然応募しているのですが、入賞人数は弟の方が圧倒的に多く、当時、妬んだり落ち込んだりしたものです。そして幼い頃から目指すデザイナーへの道も、目の前の弟にも勝てないのに、社会に出てからの活躍など、到底無理だな。と思いはじめ、かなりの挫折感を感じていました！	幼い頃からの挫折感や劣等感を感じていた小中学時代、私はあることに気づきます。私の家の本棚には、父のデザイン専門書がずらっと並んでいるのですが、そのやや難解な書籍を見たり読んだりするのが私は大好きでした。あれは小学校の高学年か中学に入る頃だったと思います。戦前カラーページは、美しく進歩的なデザイン事例が編集されているデザイン誌ですが、後半のモノクロページに編集されている、いわゆるデザイン理論やマーケティングの見解、その広告意図、戦略の立て方等は、読むと、とても面白い。むしろ前半より重要だと気づきます。つまり描かれたデザイン以上に、その前提条件であるマーケティング調査やコンセプトといったものや、そもそもデザインアイデアに繋がった戦略や考え方のほうが重要で、自分には面白い、こちらの分野なら、自分もライバルに勝てるし、意義のある仕事になるのでは、ないだろうか？そして、デザインを専門的に学ぶようになった私は、デザインのより、マーケ論やコンセプトワークを主体に追求するようになります。	例えばバンド活動にはまり、セミプロミュージシャンをしたり、夜のお店でギターを弾いたりとか、多少道から逸れた事もありましたが、ちょうどバブルで日本中が高揚していた頃、私はデザイナーデビューします。勤めはじめたデザイン事務所では、当時華やかだった飲食店のシンボルマークや様々なデザインツール、時に内装デザインにも関わり、キャリアを積む。一方、当時CIブームと呼ばれ、企業ロゴとその体系デザインを若い頃から任され、毎日のように会社に寝泊まりしながらデザインを提案展開していく。幼い頃から慣れ親しんで学び続けたマーケティング論やコンセプトワーク、発想法、編集テクニックが多いに役立ち、任される仕事の幅も広がっていきた。しかしバブル経済も崩壊し、多くの企業や店舗の業績が落ち込む中、勤めていたデザイン会社の業績も、加速度的に悪化。自分の活躍の場がない会社に、私は居るつもりもなく、若くして独立を決心します。	コネゼロ、伝ゼロで独立。最初は4畳半部屋の慎ましやかなスタートでした。バブル後の後遺症で、停滞気味の社会情勢。幸い時間はたっぷりある。私は少しでも問い合わせや依頼があった仕事に、デザインアイテムだけではなく、必ず企画書をつけて提案するようにしていました。それが自分の得意分野であり、強みだったからです。なかなかまとまった受注が得られない中、とあるショッピングセンターから件に付帯して提案した、そのショッピングセンター1年間販売促進企画を受注することとなります。収益が安定したこともあり、思い切って一等地に事務所開設。また手描きに執着がない私は、すぐさま当時はまだ珍しかったコンピューターを導入。持ち前の企画提案力を更に高め、評判や話題性を高めた結果、受注量は一気に拡大。大手メーカーや流通チェーンのブランド戦略や販売戦略を数々手がけ、受注も重ね、業界内外で高い評価を獲得していきます。
趣旨	自分の原点	最初の挫折	デザインの本質	キャリアのスタート	成功
メイン画像	子役時代	弟との写真	デザイン書籍	デザイナーデビュー時	全盛期

参考：筆者のストーリーチャート

	転			結
	ブランディングは自己確立			人々に生き抜く力を、豊かな人生を
インターネットとリーマンショック	気づき	ブランディングで業態転換	ブランディングは自己確立	正しいブランディングを伝える
2005 年、私はとある大手ブランド戦略に深く関わり、自身のオリジナルロジックを確立。評価も、業績も1つの頂点を迎えますが、衰退の兆候も現れ始めます。マスメディアからインターネットへの移行です。かつて私はWindows95 発売に沸く死のうと思いました。社会情勢下、すぐさま社外のブレーンとチームでインターネット事業に乗り出します。しかしながら当時の脆弱なネット環境、私の活動を疑問視する声、さらには自身の危機感や挑戦意欲も足りなく、インターネット事業は半ばで撤退。収益が上がり続けていたマスメディア、紙媒体を主体としたマス広告の事業に専念、マス広告の事業規模を拡大し続けていました。そして、2008 年リーマンショックです。多くの企業が広告費を大幅に削減する中、売上は一気に1/3に。顧問税理士やコンサルタントに協力してもらいながら、資金調達、コスト削減、営業強化を図りますが、広告離れの社会情勢の中、インターネット事業で生き残る仲間とは対照的に、私にはなす術もなく、売上は1/10 レベルまで下がり続けたのです。	2011 年、東日本大震災。広告やイベントの自粛ムードは一気に広がり、止められた思いでした。当時真っ暗になった東京の街。私の事務所は銀座にあったのですが、通勤途中の有楽町駅で何度も死のうと思いました。立ち上げメンバーに加わった異業種交流会で仲間と情報交換を繰り返すうち、私はあることに気づきます。中小企業を経営するみなさんは、類まれなバイタリティーやセンス、行動力があるのに、ブランド戦略の基本的な構築法を全く理解していない。そのために非常に効果の期待できないサイトやツールを作っていることに。今まで大手企業の戦略ブレーンとして動いていた自分には見えなかった実態が、リアルに伝わってきたのです。	今でこそ多くの方が行うセミナーですが、当時は開催も少なく、私のとっても未知の分野でした。私は同じように自分の仕事を革新したい異業種交流会の仲間たちとともに、セミナーの研究と実践をするチームを結成。セミナー活動を開始しました。仲間とともにセミナーのテーマを考え、その機会を創出し、お互いに応援する。もともとプレゼンテーションや企画力があり、そのコツのようなものをつかむのに時間はかかりませんでした。ブランディングとはそもそも何か?どのような効果をどう創っていくのが自分の業界内で、何十年と追及してきたこと、会社のスタッフや大手メーカー、代理店さんとともに切磋琢磨して追及してきたそのプロセス。それ自身で編み出してきたロジック。確かめるうち、これら自分の中で当たり前に実践し、思考錯誤してきたことが、中小企業や個人事業主の方々にとって非常に重要なことを改めて確信していったのです。	2018 年、リーマンショックから10 年、私のセミナーや講演、企業研修は既に述べ150 回以上、経営者や個人事業主の方々との個別ミーティングは、年間300 を数えるまでになりました。絵画やデザインを尊ぶ家庭に生まれ、才能溢れるクリエイターたちの中で自身にこだわる企画力を磨き続けるも、一度は職を、そして生きていく意欲さえ失いかけた私ですが、自分自身の価値に気づき、新しい可能性に挑戦した時、道は拓けました。そしてブランディングの専門家として改めて確信したこと。それは「価値は商品にあるのではない。」ということです。例えばエルメスは最初か鞄メーカーだったわけではなく、トヨタは自動車メーカーだったわけでなく自身で編み出した「価値は会社自身、言い換えれば自分自身にある」。商品がかわってもブランド価値は変わらないように、人生において、自身の価値を確立すれば、生き方や商品は、いくらでも変えられる。ブランディングは、自己確立の最強のノウハウであることです。	モノが売れない企業、人生に悩む経営者、自分探しをする若者。そして2020 年、「リーマンショック以来の水準」「東日本大震災以来のマイナス」など、経済指標も相次いで厳しい現状を描写する中、この局面を我々はどう克服していくのか?ブランディングは単なる広告手法でもなければ、マーケティングテクニックでもありません。自分自身の価値を確立し、時代を生き抜く術であり知恵です。真のブランディングを世に伝え、人々に生き抜く力を。そして豊かな人生を。これが私の、ブランディングの専門家としての使命であり、達成したい未来なのです。
大きな挫折	自己ブランディング	新規事業の成功	ブランディングの真意	ミッションとビジョン
有楽町線ホーム	トヨタ等広告	最近のポートレート	人々社会のイメージ写真	登壇風景

作図及び構成の転載、複製、改変等は禁止します（ビジネスモデル特許申請中）

9．ブランドストーリーにまとめる（ワーク）

　2社の事例を参考に、ブランドストーリーをまとめましょう。ポイントは、歴史を一度「起・承・転・結」でまとめてみることです。

　まずは、第1章・第2章のワークを振り返り、特にヒストリーマトリックスをしっかり見直しておきましょう。

　そして、次のページの図表にまとめます（この図表を、著者は「ストーリーチャート」と名付けています）。

　上から「スピーチタイトル」「章（起・承・転・結）」「各説のタイトル」「詳細」「関連するワード」「メイン画像・サブ画像」の欄があります。

　「章（起・承・転・結）」は、歴史を4つのポイントに分けて章にしています。さらに、起・承・転は3節ずつ、結は1節で内容を説明するという構成です。

　「メイン画像・サブ画像」には、その章に合う画像を選びます。事業との関連性もありつつ、その時代を象徴する画像が入ると、リアリティーや説得力が高まります。

　ここまで完成すると、下部にある「スピーチ」「ショートPV」「年史」を作る際の構成作りに役立ちます。ブランドストーリーの中から、抽出したい話をピックアップして繋げるだけで、簡単に自己紹介用の素材がつくれます。

ブランドストーリーにまとめる

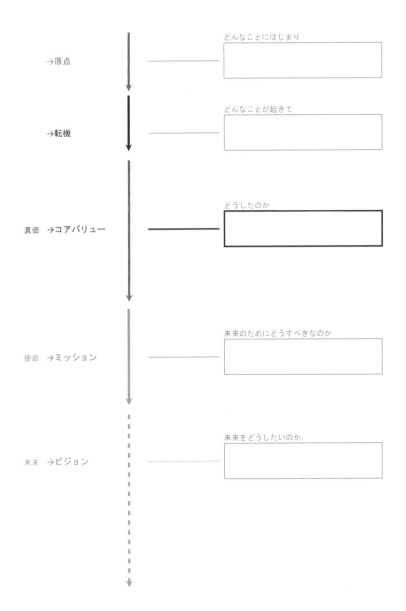

→原点

どんなことにはじまり

→**転機**

どんなことが起きて

真価　→**コアバリュー**

どうしたのか

使命　→**ミッション**

未来のためにどうすべきなのか

未来　→**ビジョン**

未来をどうしたいのか

	起			承	
タイトル					
サブタイトル					
章					
タイトル					
ストーリー					
趣旨					
メイン画像 サブ画像					
スピーチ BGM					
ショートPV BGM					
年史					

ブランドストーリーにまとめる

（ストーリーチャートの作成）

			転		姿

作図及び構成の転載、複製、改変等は禁止します（ビジネスモデル特許申請中）

10. プロフィールをまとめる（事例A）

　プロフィールは、ストーリーチャートの重要ポイントを抽出して構成し、短いブランドストーリーとして仕上げます。

　一般的な略歴や実績をまとめただけのプロフィールと違い、その内容にストーリー性があることで、共感力を高めます。

　公式サイトの代表者紹介ページ、広報誌・取材・講演等で広く活用するため、プロモーション効果の高いコンテンツとなります。

プロフィールをまとめる

正しいブランディングを伝える

経営コンサルタント
共感ブランディングの提唱者　松下 一功

北海道生まれ 名古屋育ち 拠点は東京
広告デザイナーだった父の影響で幼少の頃からデザイナーを目指すが、
芸術一家の中で絵が下手だった劣等感から、
学生時代はデザイン論を主体に学ぶ。

広告業界で一度はデザイナーを務めるも、
むしろ手がけた企画書やコンセプトワークが高く評価され独立。
自動車メーカーのブランド戦略とVI、広告審査やコンサルティング、
アメリカ先端流通インストアプロモーションの視察レポーティングと応用等、
数々の大型プロジェクトを手がける。

リーマンショックや震災による顧客や自社の経営危機を、
幾度かブランド戦略で乗り越えた壮絶な経験を活かし、
現在は「正しいブランディングを伝える」専門家として、
講演、セミナー、経営塾講師として活動。

元グラフィックデザイナーという異色の経歴でありながら、
経営コンサルタントとして、年間300回程度の経営者ミーティングをこなす。

BtoB 広告賞、カレンダーポスター展、3年連続金賞等、受賞多数。
約40年間、ブランド戦略に関わり、その研究成果を体系化した、超専門家であり、
共感ブランディングの草分け的存在でもある。

経歴

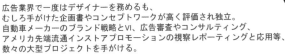

11. プロフィールをまとめる（事例C）

　同様に作成された事例として、司法書士法人 コスモ、株式会社コスモホールディングス代表、山口里美氏のプロフィールも紹介いたします。

プロフィールにまとめる

司法書士法人 コスモ

代表　**山口 里美**

極寒の都市、北海道旭川市生まれ。
厳格な父の教えのもと、「常に100点」の秀才として育つ。

キャビンアテンダントに憧れ、100%の努力と確証を持って就職期を迎えるが
時の航空不況で、不条理にその道を閉ざされる。

その後、旅行業界で知った法律の世界に魅せられ司法試験に挑戦するが
3業界からの険しい道、二度の不合格。
3年目にして得た合格の裏には、死に物狂いの壮絶な日々があった。

封建的な当時の士業会。不条理な下積みの日々が続く中
余命3か月と宣告された父に、立身の姿を見せたい一心で
病院近くの東大阪にて、半ば強引に司法書士事務所を開設し独立。
門前払いが当たり前の保守的な地で、自転車での挨拶回りに明け暮れる。

"法律業を最高のサービス業へ"　というスローガンは、
封建的な士業会への疑念と、元旅行業で培ったサービスマインド
そして軽視され続けた女性法律家としての日々から得た、
壮絶な経験の賜物である。

依頼者や起業家の立場によりそった、たった1つのセミナー評価が
全国講演のチャンスへと繋がり、現在は日本最大の女性代表司法書士法人として
東京、大阪、仙台、名古屋、福岡、広島、札幌にオフィスを構える。

著書9冊、金融機関・生命保険会社等主催での講演活動は年間50回以上。
全国司法書士女性会理事／全国司法書士法人連絡協議会理事

その真髄は「100点満点は当たり前。120%の献身的な行動こそサービス」にある。

経歴

□□□□□□□□□□□□□□□□□□□
□□□□　□□□□□□□□□□□□□□□□□□□
□□□□　□□□□□□□□□□□□□□□□□□□
□□□□　□□□□□□□□□□□□□□□□□□□
□□□□　□□□□□□□□□□□□□□□□□□□
□□□□　□□□□□□□□□□□□□□□□□□□
□□□□　□□□□□□□□□□□□□□□□□□□

12. プロフィールをまとめる（ワーク）

　2者の例を参考にストーリーチャートの重要ポイントを抽出し構成、短いブランドストーリーとして仕上げます。

プロフィールをまとめる

屋号

肩書き・氏名

ストーリー

経歴

13. スピーチシナリオ（事例A）

　ブランドストーリーは、スピーチとしてまとめておくことを推奨しています。例え違うテーマで講演を進める場合でも、簡単にブランドストーリーを語ってから本題に入ることをおすすめします。

導入：アイドリングトーク

> ブランディングは自己確立

ブランディングは自己確立

今から3つのお話をします。

1つ目の話

> デザイナーの本質

絵ではなくアイデア

最初の話はデザイナーの本質
「絵ではなく、アイデア」についてです。

絵ではなくアイデア

業界への憧れ

私は北海道札幌で昭和37年に生まれました。父は元農協職員でしたが、絵画が大好きでデザインを独学で学び、フリーランスに、その後自身の作品を売り込み、大手広告代理店に勤めます。当時としてはかなりの行動力だと思います。その頃のデザインは全て手描き。フリーランスの頃は自宅作業場にお弟子さんが2人いて、ポスター等、広告の仕上げを分業していました。若いお弟子さんたちは幼かった私とよく遊んでくれたので、当時の情景はよく覚えています。
写真は当時、父が担当していた大手銀行の広告で、写真に写っている子どもが、実は私です。ちょうど入学時期で広告のテーマにあっていたことからの出演でしたが、幸いクライアントにも好評で、その後レギュラーで数多くの新聞広告やポスター、テレビCMに使っていただきました。当時の広告代理店や写真スタジオ、ロケ現場等は、幼い私にとってとても華やかな世界、もう小学校の頃には、「自分もデザイナーになりたい」と、強く思うようになりました。

挫折

私の家庭は父だけでなく、母も美術や洋裁に精通しており、必然的にというか妙に絵や美術の教育に熱心なところがありました。
例えば家の中は落書き自由。壁や建具に落書きをしても怒られることはなく、むしろその絵を見て褒めてくれたり、父も絵を書き足すなど家中がキャンバス状態。また学校の宿題や成績にはほとんど口出ししないのに、図工や美術の成績が落ちると、異様に怒るなど、こと美術については、かなり偏執に教育されていたのです。
そんな教育方針的なことは、3つ年下の弟に対しても当然同様に、彼が小学校に入ってからは、学校写生コンクールや公募のコンテスト等で、入賞入選を繰り返すようになっていきます。
私も当然応募しているのですが、入賞入選は弟が圧倒的に多く、当時はずいぶん落ち込んだり塞ぎ込んだりしたものです。
そして幼い頃から目指すデザイナーへの道も、目の前の弟にも勝てないのに、社会に出てからの活躍など、到底無理だな。と思いはじめ、かなりの挫折感を感じていました。

絵ではなく、アイデア

幼い頃からの挫折感や劣等感を感じていた小中学時代、私はあることに気づきます。
私の家の本棚には、父のデザイン専門書がずらっと並んでいるのですが、そのやや難解な書籍を見たり読んだりするのが私は大好きでした。あれは小学校の高学年か中学に入る頃だったと思います。
前半カラーページは、美しく進歩的なデザイン事例が編集されているデザイン誌ですが、後半のモノクロページに編集されている、いわゆるデザイン理論やマーケティングの見解、その広告意図、戦略の立て方等々は、読むととても面白い。むしろ前半より重要だと気づきます。つまり描かれたデザイン以上に、その前提条件であるマーケティング調査やコンセプト立案、そもそもデザインアイデアに繋がった戦略や考え方のほうが重要で、自分には面白く、こちらの分野なら、自分もライバルに勝てるし、意義のある仕事になるのではないだろうか?
その後、デザインを専門的に学ぶようになった私は、デザイン力より、マーケ論やコンセプトワークを主体に追求するようになります。

成功と転落

成功と転落

2つ目の話は成功と転落です。
僕には人生を大きく変えた、成功と転落の経験があります。

デザイナー

例えばバンド活動にはまり、セミプロミュージシャンをしたり、夜のお店でギターを弾いたりとか、多少道から逸れた事もありましたが、ちょうどバブルで日本中が高揚していた頃、私はデザイナーデビューします。勤めはじめたデザイン事務所では、当時華やかだった飲食店のシンボルマークや様々なデザインツール、時に内装デザインにも関わり、キャリアを積む一方、当時CIブームと呼ばれた、企業ロゴとその体系デザインを若い頃から任され、毎日のように会社に寝泊まりしながら、創作活動を続けました。
どの仕事も出店計画や経営方針を理解した上で、戦略を立案しながらデザインを提案展開していく。幼い頃から慣れ親しんで学び続けたマーケティング論やコンセプトワーク、発想法、編集テクニック等が多いに役立ち、任される仕事の幅も広がって行きました。しかしバブル経済も崩壊し、多くの企業や店舗の業績が落ち込む中、勤めていたデザイン会社の業績も加速度的に悪化。自分の活躍の場がない会社に居座るつもりもなく、私は若くして独立を決心します。

高まる評価

コネゼロ、伝ゼロで独立。最初は4畳半部屋での慎ましやかなスタートでした。
バブル後の後遺症で、停滞気味の社会情勢。幸い時間はたっぷりある。私は少しで
も問い合わせや依頼があった仕事に、デザインアイテムだけではなく、必ず企画書
をつけて提案するようにしていました。それが自分の得意分野であり、強みだった
からです。
なかなかまとまった受注が得られない中、とあるショッピングセンターから頂いた
ちょっとした案件に付帯して提案した、施設内のイベント企画書が上層部の目にと
まり、そのショッピングセンター年間販促計画を受注することとなります。
収益が安定したこともあり、思い切って一等地に事務所開設。また手描きに執着が
ない私は、すぐさま当時はまだ珍しかったコンピューターを導入。持ち前の企画提
案力をさらに高め、評判や話題性、そして立地の信頼度を高めた結果、受注量は一
気に拡大。大手メーカーや流通チェーンのブランド戦略や販売戦略を数々手がけ、
受賞も重ね、業界内外で高い評価を獲得していきます。

リーマンショックとインターネット

2005年、私はとある大手ブランド戦略に深く関わり、自身のオリジナルロジックを
確立。評価も業績も一つの頂点を迎えますが、衰退の兆候も現れ始めます。マスメ
ディアからインターネットへの移行です。かつて私はWindows95発売に沸く社会情
勢下、すぐさま社外のブレーンとチームでインターネット事業に乗り出します。し
かしながら当時の脆弱なネット環境、私の活動を疑問視する声、さらには自身の危
機感や挑戦意欲も足りなく、インターネット事業は半ばで撤退。収益が上がり続け
ていたマスメディア、紙媒体を主体とした事業に専念、マス広告の事業規模を拡大
し続けていました。
そして、その時は来ました。2008年リーマンショック。
多くの企業が広告費を大幅に削減する中、売上は一気に1/3に。顧問税理士やコン
サルタントに協力してもらいながら、資金調達、コスト削減、営業強化を図ります
が、広告離れの社会情勢の中、インターネット事業で生き残る仲間とは対照的に、
私にはなす術もなく、売上は1/10レベルまで下がり続けたのです。

ブランディングは自己確立

ブランディングは自己確立

最後の話は、私が今、
ブランディングの専門家として活動する真意と
「ブランディングは自己確立」である
という哲学についてです。

気づき

2011年、東日本大震災。広告やイベントの自粛ムードは一気に広がり、私も事業も息
の根を止められた思いでした。当時真っ暗になった東京の街。私の事務所は銀座にあっ
たのですが、通勤途中の有楽町駅で何度も死のうと死のうと思いました。
藁をもすがる思いで、立ち上げメンバーに加わった異業種交流会で仲間と情報交換を
繰り返すうち、私はあることに気づきます。
中小企業を経営するみなさんは、類まれなバイタリティーやセンス、行動力があるの
に、ブランド戦略の基本的な構築法を全く理解していない。そのために非常に勿体無
い、効果の期待できないサイトやツールを作っている。今まで大手企業の戦略ブレー
ンとして動いていた自分には見えなかった実態が、リアルに伝わってきたのです。自
主退社、見解の相違や話し合い等で、既に大半のスタッフを失っていた私ですが、一
人の活動で、自分の持つノウハウを、まずは伝えていくことから始めよう！と決意。
セミナーや講演、研修等、講師・コンサルタントとなる道を模索しはじめます。

ブランディングは自己確立

ブランディングで業態転換

今こそ多くの方が行うセミナーですが、当時は開催も少なく、私のとっても未知の分野でした。私は同じように自分の仕事を革新したい異業種交流会の仲間たちとともにセミナーの研究と実践をするチームを結成。セミナー活動を開始しました。
仲間と共にセミナーのテーマを考え、その機会を創出し、お互いに応援する。
もともとプレゼンテーションが得意だったこともあり、そのコツのようなものをつかむのに時間はかかりませんでした。
ブランディングとはそもそも何か？　どのような効果をどうつくっていくのか？
自分の業界内で、何十年と追及してきたこと、会社のスタッフや大手メーカー、代理店さんとともに切磋琢磨して追及してきたそのプロセス。そして自身で編み出してきたロジック。
セミナーの反応や感触を確かめるうち、これら自分の中で当たり前に実践し思考錯誤してきたことが、中小企業や個人事業主の方々にとって非常に重要なことを改めて確信すると共に、私の専門家としての評価も高まっていったのです。

ブランディングは自己確立

ブランディングは自己確立

2018年、リーマンショックから10年、私のセミナーや講演、企業研修は既に述べ150回以上、経営者や個人事業主の方々との個別ミーティングは年間300を数えるまでになりました。
絵画やデザインを尊ぶ家庭に生まれ、才能溢れるクリエイターたちの中で、自身がこだわる企画力を磨き続けるも、一度は職を、そして生きていく意欲さえ失いかけた私ですが、自分自身の価値に気づき、新しい可能性に挑戦した時、道は拓けました。
そしてブランディングの専門家として改めて確信したこと。
それは「価値は商品にあるのではない。」ということです。
例えばエルメスは最初から鞄メーカーだったわけではなく、トヨタは自動車メーカーだったわけでない。「価値は会社自体、言い換えれば自分自身の中にある。」商品がかわってもブランド価値は変わらないように、人生において、自身の価値を確立すれば、生き方や商品は、いくらでも変えられる。ブランディングは自己確立の最強のノウハウであることです。

ミッション

正しいブランディングを伝える

モノが売れない企業、人生に悩む経営者、自分探しをする若者。
そして2020年、「リーマンショック以来の水準」「東日本大震災以来のマイナス」など、
経済指標も相次いで厳しい現状を描写する中、この局面を我々はどう克服していくのか？
ブランディングは単なる広告手法でもなければ、マーケティングテクニックでもありません。自分自身の価値を確立し、時代を生き抜く術であり知恵です。

正しいブランディングを伝え、人々に生き抜く力を。そして豊かな人生を。
それがブランディングの専門家としての使命であり、達成したい未来なのです。

14. スピーチシナリオ（ワーク）

同じ行動を促すのではなく、同じ目標を共有する

共感ブランディング® の伝え方

浸透編

本書で公開する「共感ブランディング® ロジック＆シート」は、
多くの方の自己実現とブランド価値向上のため、
著作購入者が、自身のために活用することを許可・推奨します。
しかしながら、営利目的利用や転用、第三者への応用等は
一切認めませんので、ご留意ください。

共感プロモーションの考え方

・・・・・・・・・・・・・・・・・・・・・・・・・・・・・・・・・

第1章

本書で公開する「共感ブランディング® ロジック＆シート」は、
多くの方の自己実現とブランド価値向上のため、
著作購入者が、自身のために活用することを許可・推奨します。
しかしながら、営利目的利用や転用、第三者への応用等は
一切認めませんので、ご留意ください。

1. インナー＆アウターブランディング

　浸透編では、確立編で構築した自社の価値やメッセージ、アイデンティティーを、どのように発信・浸透させていくのか、その概観と一部具体例をお伝えします。

　著者が業界入りした1980年代は「CIVIブーム」のまっただ中でした。CIとはコーポレート・アイデンティティの略で、VIはビジュアル・アイデンティティの略です。
　自社の理念や思想をシンボルマークやメッセージといった形に見える化して、それらをPR活動に活用することを指します。

　本来、その活動の意義は、まさにアイデンティティーを確立し、マークやキャッチコピー、ビジュアルで象徴的に伝える、ブランディングの本質に則ったものでしたが、徒に派手なデザインプロモーションを展開する広告業者が雨後の竹の子のごとく増え、本質が失われ陳腐化しました。

　しかしながら、CIVIを正しく運用活動すれば、従業員や顧客、関連会社や取引会社など、その企業を取り巻く、すべての人々に事業の価値や考え方を正しく浸透させることができるのです。
　共感ブランディングでのプロモーションフェーズは、このCIVIの根本である「象徴とその展開」を、著者の観点で発展させ整備したものです。

　著者は常々、「まずはインナーブランディング。それからアウターブランディング」と言い続けてきましたが、理念もブランド価値もコンセプトも、まず関係者から浸透しなければ、ファンにも顧客にも伝わりません。

　言い換えれば、インナーブランディングとアウターブランディングを明確に意識して、浸透施策を検討することが肝要なのです。

○価値の棚卸

■ヒストリー棚卸

■フィロソフィー棚卸

■モデル検証

■ポジショニング

○事業マインド確立

■棚卸

■コアバリューの定義

■コアバリューの象徴化

■理念哲学の確立

○理念経営化

■経営理念・行動指針と規範

■ビジョン・ミッション

■スローガン・アクション

■クレドカード&ミーティング

■理念浸透研修

■組織活性化研修

○ファン創造

■ブランドストーリー

■ブランドプロミス

■ブランドタグライン

■ネーミング

■ビジュアライズ&体系化

■コミュニティー化

○ファン開拓

■ブランディングサイト

■社内報

■ブランドブック・会社案内

■ステーショナリー

■イベント

■ブログ、ソーシャルメディア

■動画・コンテンツマーケ

インナー
ブランディング

アウター
ブランディング

理念強化

プロモーション

作図及び構成の転載、複製、改変等は禁止します（ビジネスモデル特許申請中）

2．ブランドへの共感プロセス

　インナーブランディングとアウターブランディングの設定前に、まずは
ブランドへの共感のプロセスを理解しましょう。

　自身の商品やサービスを相手に提案するとき、あなたはどうしますか？

　例え相手から問合せや質問がなくても、いきなり商品やサービスの情報
を伝え、その優位性や利用のメリットを訴えるのではないでしょうか？

　しかし、現代は商品が高品質化し、情報も溢れ、その結果、商品説明に
大した違いはなく、相手に聞く耳は立ちません。

　逆の立場で考えてみましょう。あなたも見ず知らずの営業マンから、延々
と商品説明を受けても、すでに聞いたような話ばかりで、あまり興味はそ
そられないのではないしょうか？

　また仮に商品サービスに興味を持ってもらえても、他社製品との激しい
価格競争やサービス競争に巻き込まれるケースがほとんどです。

モノやサービス、情報が溢れた現代、商品情報は心に届かない

対して、共感のステップを踏まえると、購入者はブランドの考えや在り方にまず共感し、興味を持ち、購入の強い動機になります。これがいわゆるファン消費です。

プロセスは以下の通りです。

① 理念や思想を象徴するシンボルが目にとまる
② シンボルに込められた意味、歴史や哲学、逸話に興味を持つ
③ そのブランドの在り方に共感し、その商品やサービスも気になる
④ 商品やサービスを購入する

いきなりの商品説明や価格訴求で販売する方法に慣れきった身には、少々遠回りをしているように感じるかもしれません。

しかし、前述したように、現代は商品が高品質化し、情報も溢れています。

商品そのものではなく、その商品やサービスを生み出す背景や信念に共感いただき、支持者となってもらう。これこそがファン消費の神髄です。

結果、ファンは価格にあまり左右されず、浮気せずリピートし、友人や知人にブランドを誇らしげに紹介するのです。

この概念と構造、優先順序を理解し、プロモーションを展開します。

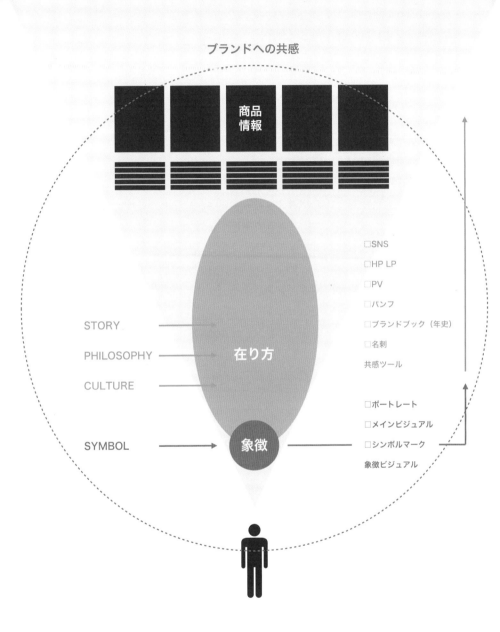

ブランドへの共感

商品
情報

STORY

PHILOSOPHY

CULTURE

在り方

SYMBOL

象徴

□SNS

□HP LP

□PV

□パンフ

□ブランドブック（年史）

□名刺

共感ツール

□ポートレート

□メインビジュアル

□シンボルマーク

象徴ビジュアル

3．プロモーション体系

　著者のこだわりであり強みでもある、川上から川下までの一貫したプロモーションノウハウを体系化したものです。

　それぞれの要素は、全体として連携しているからこそ、強力なブランド価値の浸透に繋がっていきます。

　言語化された理念体系からメッセージ化され、伝わりやすくなった企業文化やブランドの在り方は、大きく分けて３つの施策を連動させ、その浸透を図ります。

→象徴化し体系的に伝える「シンボライズ」（SYMBOLISE）

→主に共感を図る「プロモーション」（PROMOTION）

→具体的な行動を促す「アクティビティー」（ACTIVITY）

です。

　次頁より、順を追ってご説明します。

プロモーション体系

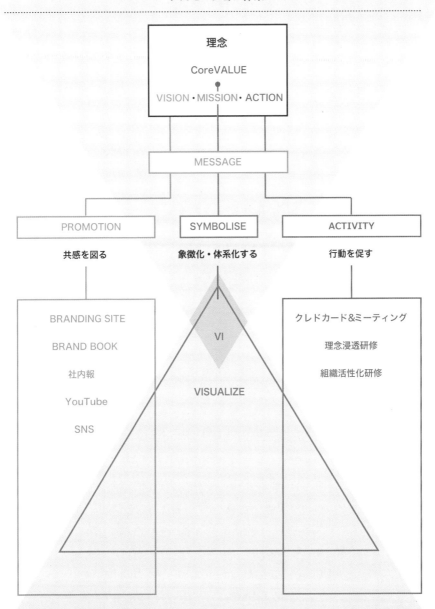

SYMBOLISE

· ·

第2章

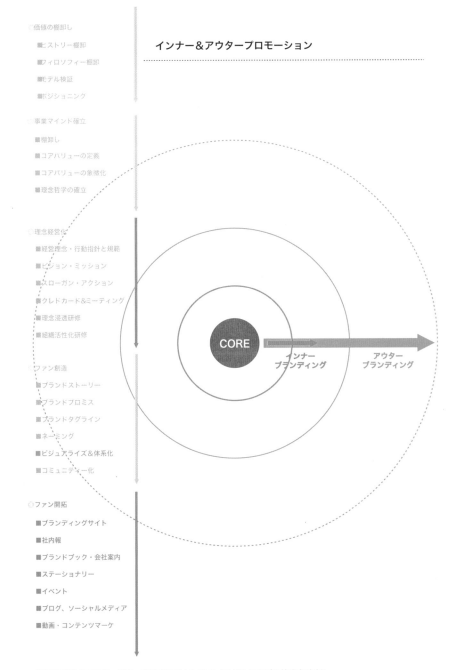

インナー&アウタープロモーション

価値の棚卸し
- ■ヒストリー棚卸
- ■フィロソフィー棚卸
- ■モデル検証
- ■ポジショニング

事業マインド確立
- ■棚卸し
- ■コアバリューの定義
- ■コアバリューの象徴化
- ■理念哲学の確立

理念経営化
- ■経営理念・行動指針と規範
- ■ビジョン・ミッション
- ■スローガン・アクション
- ■クレドカード&ミーティング
- ■理念浸透研修
- ■組織活性化研修

ファン創造
- ■ブランドストーリー
- ■ブランドプロミス
- ■ブランドタグライン
- ■ネーミング
- ■ビジュアライズ&体系化
- ■コミュニティー化

ファン開拓
- ■ブランディングサイト
- ■社内報
- ■ブランドブック・会社案内
- ■ステーショナリー
- ■イベント
- ■ブログ、ソーシャルメディア
- ■動画・コンテンツマーケ

CORE

インナーブランディング

アウターブランディング

作図及び構成の転載、複製、改変等は禁止します（ビジネスモデル特許申請中）

１．象徴化・体系化する

　シンボルマークを頂点とし、ビジュアルとメッセージ、関連するツール類や媒体の表現を体系化します。

　220頁の表現体系化サンプルをご覧ください。

　シンボルマークはほぼ全ツールに展開されます。ここで重要なことが、表現体系の頂点として相応しいか否かです。
　一度展開すると、その変更には多大な労力やコストがかかります。故にその決定は本来、その後の浸透施策全てに影響する、最重要課題なのです。

　理念や信念が盛り込まれている、創業の精神を受け継いでいる、事業ビジョンやミッションに基づいている等、シンボルはブランドの在り方を象徴している必要があります。
　言い換えれば、それらが語れるシンボルか否か、協議を重ね決定します。

　繰り返しになりますが、シンボルマークは、大きく広がる表現体系の頂点に位置します。単なるデザイン性やトレンド、好き嫌い、コストパフォーマンスといった安易な事情で決めず、長期的な展望に立って検証や開発を行いましょう。

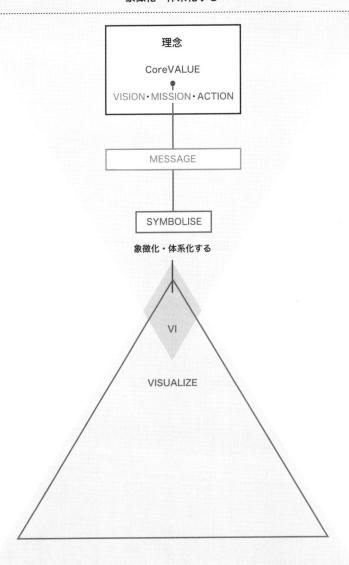

2．シンボルマークを頂点とした表現体系化サンプル

シンボルマークを頂点とした表現体系

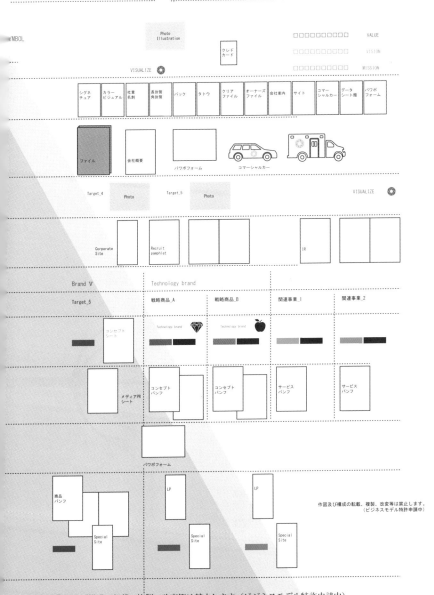

作図及び構成の転載、複製、改変等は禁止します（ビジネスモデル特許申請中）

3．ＣＩツリー（事例Ｂ）

「CI ツリー」は、80 年代の CI 全盛期によく使われた概念で、プロモーション体系の在り方を大木に例えて表現したものです。

事例はアクロスロードホールディングス株式会社の実際の CI 展開です。

シンボルマークやそのカラー展開、社名表示等のベーシックな構成要素の基本レギュレーションが木の根の部分に該当し、各種ツールへの展開ルールを枝葉に例えています。基本レギュレーションをしっかり制定しないと大木は育たず、同様に、基本を逸脱する展開ツールは育たないという主旨です。

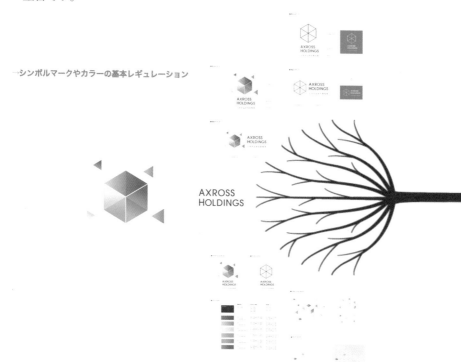

シンボルマークやカラーの基本レギュレーション

CIツリー

SYMBOLISE 事例

アクロスホールディングス CI

↓各種ツールや媒体への展開ルール

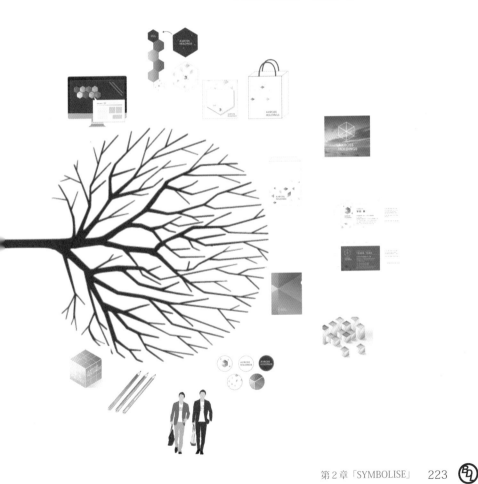

PROMOTION

・・

第 3 章

PROMOTION

価値の棚卸し
- ■ヒストリー棚卸
- ■フィロソフィー棚卸
- ■モデル検証
- ■ポジショニング

事業マインド確立
- ■棚卸し
- ■コアバリューの定義
- ■コアバリューの象徴化
- ■理念哲学の確立

理念経営化
- ■経営理念・行動指針と規範
- ■ビジョン・ミッション
- ■スローガン・アクション
- ■クレドカード＆ミーティング
- ■理念浸透研修
- ■組織活性化研修

ファン創造
- ■ブランドストーリー
- ■ブランドプロミス
- ■ブランドタグライン
- ■ネーミング
- ■ビジュアライズ＆体系化
- ■コミュニティー化

ファン開拓
- ■ブランディングサイト
- ■社内報
- ■ブランドブック・会社案内
- ■ステーショナリー
- ■イベント
- ■ブログ、ソーシャルメディア
- ■動画・コンテンツマーケ

CORE

インナー
ブランディング

アウター
ブランディング

作図及び構成の転載、複製、改変等は禁止します（ビジネスモデル特許申請中）

1. 共感を図る

　一般的にブランディングといえば、多くの方がこのプロモーション
フェーズをイメージするのではないでしょうか?

　例えばウエブサイトやパンフレット等、一般に目にするツールや媒体、
更には SNS 等の発信対策もこのフェーズに含まれます。

　ブランディングにおけるこれらプロモーションの最大の特徴が、商品や
サービスを売り込むのではなく、ファン創造をコミュニケーションの目標
としている点です。

　言い換えれば、「いかに理解者や支持者を醸成していくか」を主眼に置
いた工夫が重要になります。

共感を図る

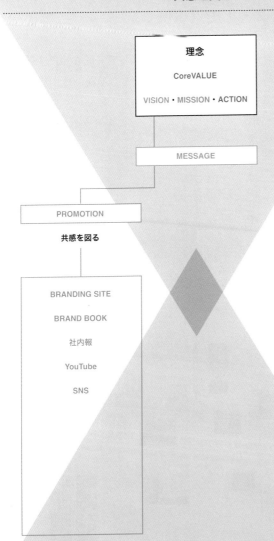

理念

CoreVALUE

VISION・MISSION・ACTION

MESSAGE

PROMOTION

共感を図る

BRANDING SITE

BRAND BOOK

社内報

YouTube

SNS

2. ブランドブック・年史（事例C）

　創業から現在までのストーリーを社史として編集して完成させた「ブランドブック（年史）」です。社内共有を図ることはもちろん、取引先や新規営業先の共感ツールとして活用できます。またM&Aにおいても、事業文化共有に大きく貢献します。

司法書士法人コスモ 創業史

111

3．ブランドブック・年史（雛形）

　共感ブランディングプログラムで推奨しているブランドブックの雛形です。確立編で作成したストーリーチャートをそのまま応用することが可能です（本サンプルは筆者の構成事例です。ストーリーチャートを再度確認いただき、雛形の構造をご理解ください）。

起

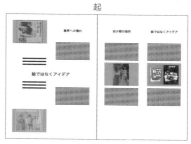

転

ブランドブック・年史

承

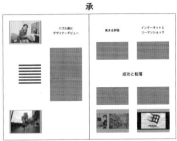

会社概要・活動情報等

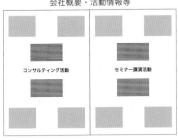

結

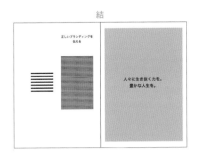

ACTIVITY

・・・・・・・・・・・・・・・・・・・・・・・・・・・・・・・・・・・・・・

第4章

本書で公開する「共感ブランディング® ロジック＆シート」は、
多くの方の自己実現とブランド価値向上のため、
著作購入者が、自身のために活用することを許可・推奨します。
しかしながら、営利目的利用や転用、第三者への応用等は
一切認めませんので、ご留意ください。

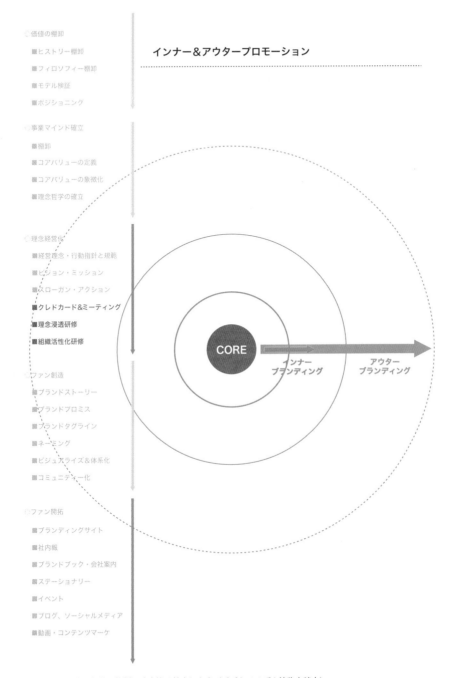

インナー&アウタープロモーション

価値の棚卸
- ■ヒストリー棚卸
- ■フィロソフィー棚卸
- ■モデル検証
- ■ポジショニング

事業マインド確立
- ■棚卸
- ■コアバリューの定義
- ■コアバリューの象徴化
- ■理念哲学の確立

理念経営化
- ■経営理念・行動指針と規範
- ■ビジョン・ミッション
- ■スローガン・アクション
- ■クレドカード&ミーティング
- ■理念浸透研修
- ■組織活性化研修

CORE

インナー
ブランディング

アウター
ブランディング

ファン創造
- ■ブランドストーリー
- ■ブランドプロミス
- ■ブランドタグライン
- ■ネーミング
- ■ビジュアライズ&体系化
- ■コミュニティー化

ファン開拓
- ■ブランディングサイト
- ■社内報
- ■ブランドブック・会社案内
- ■ステーショナリー
- ■イベント
- ■ブログ、ソーシャルメディア
- ■動画・コンテンツマーケ

作図及び構成の転載、複製、改変等は禁止します（ビジネスモデル特許申請中）

1．行動を促す

　最後は、「行動を促す」のステップです。

　理念や思想を組織内で着実に浸透させるには、広報活動だけでなく、行動を促す活動が必要です。

　本書ではその代表的なものとして「クレドカード＆ミーティング」の活用、そして「共感型理念浸透研修」の概観をお伝えします。

行動を促す

理念

CoreVALUE

VISION • MISSION • ACTION

MESSAGE

ACTIVITY

行動を促す

クレドカード&ミーティング

共感型理念浸透研修

組織活性化研修

作図及び構成の転載、複製、改変等は禁止します（ビジネスモデル特許申請中）

２．クレドカード（事例Ｃ）

「クレドカード」とは、コアバリュー、ブランドストーリー・ビジョン・ミッション・アクション・経営理念・行動指針をまとめたものです。

名刺入れや ID カードホルダーなどに入れて携帯することで、社員が常に見返すことができます。

コスモグループ クレドカード

Credo
クレド

+20%の価値で
感動のサービスを提供する

コスモグループ Credo（クレド）

■ コスモグループ Credo とは、私たちの信念や使命を示すものであり、行動・判断の基準となるもので、コスモグループのスタッフは、常にこの行動規範に基づいて行動します。

経営理念

■ 私たちは、「+20%の価値で感動のサービス」をスローガンに、お客様の期待を超えるサービスによる「お客様に120%の満足」を提供する司法書士法人・行政書士法人です。

満足

■ 私たちはあらゆる場面に対応する法律のプロ集団です。圧倒的なスピードとクオリティで、お客様の課題をワンストップで解決するサービスを提供します。

社則

お客様の期待以上のサービスを提供し続ける

理念に基づいて、自ら判断し、
責任ある行動をとる。

コスモグループに携わる全スタッフが、
常にやりがいと誇りを感じる環境と体制を整える。

中長期的スローガン

日本で一番、地域を創り人と会う。
あなたの頑張りで、
お客様の笑顔を増やす。

コスモグループは、東京・大阪・名古屋・福岡・仙台・埼玉・広島・札幌・岡山にそれぞれに拠点を構え、地域に密着した細やかなサービスを提供、実に約1000人以上の方々をサポート、「日本で一番人に会っている」司法書士法人・行政書士法人です。

その原動力は他ならぬ「あなた」です。

この誇りと意義を改めて理解し、ひたむきに実践。あなたの頑張りで、依頼者と家族、地域社会、ひいては日本社会を変えていきます。

価値と約束

**+20%の価値で
感動のサービスを提供する**

■ 常に顧客視点を持ち、「100点満足はあたりまえ、120%の顧客専有行動こそが真のサービス」を体現していくことが、コスモグループの根底に流れる心です。

行動力基本操作 14ヶ条

その1
始業前と昼休みには5分間デスク周りを見直し、不要なものを捨てる。「不要なもの」の基準は、「今使っているものかどうか」で判断する

その2
時間厳守。行動が速い方が仕事の量・質・心の余裕を育てて成長する

その3
かたづけは基本中の基本。締切り時間を判断しつつけると環境が整う上よ、整理整頓が徹底されたオフィスは無駄が減り効率が上がり、業績もアップすると心得る

その4
郵便物は、速やかに開け即対応「要・不要」を判断し、処理し、雑誌も必要箇所のみ保存し、速く読む

その5
人の評価は、第一印象で9割は上がります。身なりのある服装で、身だしなみを整え、明るく笑顔で礼儀正しく応対する

その6
お客様を訪問する前は、約束の時間よりも早く着く準備をする。遅れることもなく、約束の時間5分前に着くようにする

その7
お客様のお宅や車の中に通された際には、靴を脱いだ後、靴を揃え向きを変えて相手に失礼にならないよう細かに気を配る

その8
いかなる困難にも誠意で対応し、結果を改善まで、やり遂げる不退転の覚悟を持つ

その9
行動の価値を決定するのは、所要時間と結果の良し悪しである。最も短い時間で多くの結果を得られるよう、常に手順・方法を工夫改善し、昨日よりも今日、今日よりも明日と、時間の短縮と結果の向上を図る

その10
報告・連絡・相談（ホウレンソウ）を徹底して情報を共有し、業務を確実・正確・スピーディに遂行する

行動規範

その1
わたしたちは、全てのお客様に対して公正な取引をするとともに、お客様の立場に立って行動します。

その2
わたしたちは、お客様の誤解を招かないよう、有益な真の情報を適切に提供します。

その3
わたしたちは、お客様の安心・満足・信頼を旨とし、優れた技術に基づいた高品質の商品・サービスを提供します。

その4
わたしたちは、不合理な商習慣には従わず、全ての取引先に対しても対等・公正な取引関係を構築し、誠実に事業を行います。

3. クレドミーティング

　クレドカードを導入している高級ホテルチェーンでは、毎朝、クレドカードを使った社員教育の時間をつくっています。具体的には、クレドカードに書かれているビジョン、ミッション、クレド、サービスなどの項目から、ひとつお題を決め、ディスカッションするのです。

　すると、自分たちは何のために働いているのか、どういった行動をとればいいのか、アクシデントが起こった際には何を優先して、どんな判断を下すのが妥当なのかといったことを理解し、自分ゴト化できるようになります。

4．クレドカード（雛形）

　共感ブランディングプログラムで推奨しているクレドカードの雛形です。つくり方は簡単で、第3章までのワークを振り返って、当てはまるメッセージを入れていくだけです。理念や指針が複数ある場合は、それに合わせてページ数を増やしても問題ありません。

	基本理念	行動規範
社員心得	□□□□□□□□	□□□□□□□□ □□□□□

経営理念	コアバリュー＆メッセージ	ビジョン
□□□□□□□□	□□□□□□□	□□□□□□□□ ミッション □□□□□□□□

クレドカード

　デザインフォーマットやカラーは、「シンボルマークを頂点としたツール体系化」に基づくレギュレーションを使用すると、その他のツールとの統一感が保てます。

行動指針		会社使命
□□□□□□□□□ □□□□□□□□□□□□□□□□□□□ □□□□□□□□□□□□□□□□□ □□□□□□□□□	□□□□□□□□□ □□□□□□□□□□□□□□□□□□□ □□□□□□□□□□□□□□□□□ □□□□□□□□□	
□□□□□□□□□ □□□□□□□□□□□□□□□□□□□ □□□□□□□□□□□□□□□□□ □□□□□□□□□	□□□□□□□□□ □□□□□□□□□□□□□□□□□□□ □□□□□□□□□□□□□□□□□ □□□□□□□□□	
□□□□□□□□□ □□□□□□□□□□□□□□□□□□□ □□□□□□□□□□□□□□□□□ □□□□□□□□□		

スローガン	ブランドタグライン&プロミス	シンボルの思い
□□□□□□□□□	□□□□□□□□□□□	SYMBOL
		□□□□□□□□□□□□
アクション	□□□□□□□□□□□□□□□□□ □□□□□□□□□□□□□□□□□ □□□□□□□□□□□□□□□□□ □□□□□□□□□□□□□□□□□	
□□□□□□□□□□□□□□□□□ □□□□□□□□□□□□□□□□ □□□□□□□□□□□□□□□ □□□□□□□□□□□□□□□□		□□□□□□□□□□□□□□□□□□ □□□□□□□□□□□□□□□□□□ □□□□□□□□□□□□□□□□□□

5. 研修プログラム工程について

そもそも、なぜ理念経営が重要なのか？
経営や事業は、共通の目標を持つことで、メンバー1人ひとりが同じ方向に進むことを促します。

しかしながら、単に目標を掲げ、「あっちへ向かうぞ！」と言われても、人はついてきません。目標そのものを自分ゴト化できないからです。

そこで重要になるのが「WHY？」。「そもそもなぜそこへ向かうのか？」と、共通の「価値観」です。これこそが理念を掲げる最大の理由です。
共感型の理念研修では、会社の理念とその真意を理解すると共に、メンバー1人ひとりのビジョン、ミッション、バリューも、深く考察します。

そのプロセスを経ることで、会社のビジョン、ミッション、バリューの重要性と真意を自分ゴト化できるようになります。
「自分のコアバリューを生かして、会社のビジョン・ミッションに貢献するにはどうしたらいいのか？」また、「そのことから、自分にはどういった成長が見込めるのか？」

1人ひとりが、自身のアクションプランを立て、最後には、個々が生み出す成果を、部署やチームごとで採算管理、収益が出せる自走式チームの完成を目指します。

共感型理念浸透研修

組織活性化研修

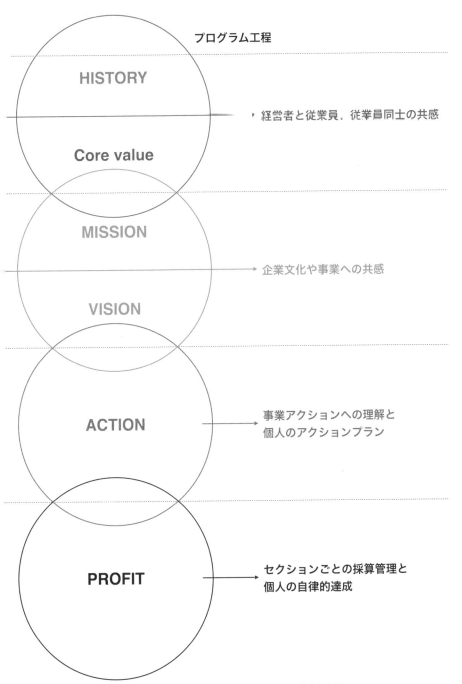

プログラム工程

HISTORY

Core value

→ 経営者と従業員，従業員同士の共感

MISSION

→ 企業文化や事業への共感

VISION

ACTION

→ 事業アクションへの理解と
　個人のアクションプラン

PROFIT

→ セクションごとの採算管理と
　個人の自律的達成

あとがき

◆ブランディングの時代

2005年にその基本的なロジックを完成させ、コツコツとブラッシュアップを重ね、2011年から本格的に普及活動を開始した「共感ブランディング®」ですが、そもそも当時、ブランディングそのものへの一般的な理解度も関心も低く、セミナーや講演を開催しても、単なる集客術やイメージ戦略についての内容を期待する参加者が多かった記憶があります。

それはコンサルティングでも変わらず、時に「それで一体どのくらい人が集まるの？」とか「売り上げはすぐに上がるの？」といった質問を、けっこう頻繁に投げかけられる有様でした。

大手企業や一流ブランドが周到に実施するブランディングについて、一般の経営者やフリーランス、はたまたコンサルタントやクリエイターに至るまで、全く理解できていない。それならば伝えていくしかない！

リーマンショックで大打撃を受け、それまでの事業を縮小し、その普及活動に賭けていた自分の支えは、私のミッションである「正しいブランディングを伝える」この信念だけだったのも事実です。

しかしながら状況は、目の前から徐々に変わっていきます。まずセミナーや講演会の参加者の反応。「目からうろこでした！」「180度考えが変わりました！」といった感想は常にいただき、「弊社の状況を相談したい」「講演に来て欲しい」「私も一緒に活動したい」「弊社の研修プログラムに取り入れたい」といったカタチのお声がけも、確実にいただけるようになっていきます。

そしてちょうど大手のコンサルティング会社や中堅の税理士法人やクリエイティブオフィスとの契約やアライアンスが徐々に決まり、手応えを感

じはじめた頃でした。それまで、なかなか成約に至らなかったコンサルティング契約が、堰を切ったように決まりはじめたのです。

　当時（現在もですが）広告活動や営業活動はほとんど行っていない状況での受注。その大半は、セミナーにお越しいただいた方や、ビジネス交流の場で出会った方々からの「紹介」または「紹介の紹介」でした。

　あっという間に対応しきれないほどの受注を獲得し、慌てて体制を整え、めまぐるしくコンサルティングと研修、講演活動を繰り返し、気づけば10年以上の歳月が流れました。

　結果、私のビジネスもクリエイティブから完全にコンサルティングに移行。自身のミッションに忠実な活動でビジネスを成立させる、自己確立の領域に近づくことが出来たのです。

　図らずも、自らのブランディングロジックで、自らのブランドを確立しつつある。それが現在の私です。

　この10年、世のブランディングへの理解は急速に深まっています。事実、講演や研修をさせていただいても、基本を理解した上で参加される方が増え、交流会等にたまに参加すると、同業者にも多く会います（以前はほとんど出会いませんでした）。

　今、コロナで働き方の定義が変わり、フリーランスや社内独立といった形態もさらに一般化、AI化やシンギュラリティへの加速度的な変化の中、ブランディングのニーズが急速に高まっています。

　それは私が15年以上訴え続けている、「ブランディングは単なる集客やイメージ戦略ではない。自己確立である」からに他なりません。
　今まさに、ビジネスにも人生にも「ブランディング」が必要なのです。

◆1億総ブランディング

　ところで肝心の出版についてですが、今まで何度かお話しをいただいたり、持ち込み企画を検討したりと、その機会もあるにはあったのですが、なかなかよい返事がいただけなかったり（ブランディングの本は売れないと言われたことも……）企画の折り合いがつかなかったり、「今度こそ出すぞ！」「イヤやっぱり難しい」などと煮え切らないうちに、こちらも気がつけば10年以上の歳月が経ってしまいました。

　自分自身の中では、今さら感が色濃く漂う中、なぜ、改めて出版なのか？

　それは陳腐な「出版ブランディング」や、当然「趣味の出版」ではなく、強い信念の元に、重い腰を上げた経緯があります。

　それが「1億総ブランディング」です。

　私のビジョンは、ミッションと同様10年以上前から変わりません。それは「人々に生き抜く力を。豊かな人生を」です。

　私は「ブランディングこそが、仕事や人生を変革し、豊かなものにする最良の術である」と確信しています。

　事実、私自身もクライアントも、そもそも名だたるブランドの歴史を鑑みても、ブランディングによって仕事や人生を変改し続けているのです。

　私が体系化した「共感ブランディング®ロジック」は、2005年の開発からこれまで、鰻屋のたれのように、新エッセンスを継ぎ足し継ぎ足し、現在に至ります。

　この老舗のレシピを大公開することを、私は決意しました。

経営者であろうが、フリーランスであろうが、学生であろうが、正しいブランディングを実践し、豊かで革新的な人生を創って欲しい。

　全ての日本人が、正しいブランディングを実践して欲しい！

　これこそが私の新しい信念「１億総ブランディング」なのです。

　しかしながら私が、１人ひとりを訪ねて歩くのは到底無理。ならば、本にして、皆に実践してもらう方が断然早い。一刻も早く出版しよう。なんとか原稿作成の時間を割こう！　ようやく重い腰を上げ、いつもプレッシャーを抱えながら、折を見つけて原稿を整理確認し、ついには締切時間がカウントダウンで迫る今日、ようやく「あとがき」までたどり着き、思いの丈をキーボードにぶつけている自分がいます。

　老舗のたれが手に入っても、そもそも鰻の仕入ルート確保や下ごしらえ、火加減など、難しい行程は他にもあります。しかしながらこのレシピを使えば、難しい専門書を読み返したり、ネットにある玉石混交の中から正しい情報を選別したり、よくわからないコンサルタントに頼まなくても、非常に精度の高い「共感ブランディング®」が遂行できます。

　しかも矢継ぎ早に、次の一手二手も控えています。それは本書活用サポートのための情報サロン、そしてこのロジックを使って、私と同じようなコンサルタントになるための養成講座です。

　これらの情報は、私の所属会社「株式会社 SKY PHILOSOPHY」のサイト、または私個人の公式サイト（松下一功ブランドデザイン研究所）で順次公開予定です。
　本書の有効活用のため、自身のブランド確立のため。こちらの情報にも是非アクセスしてください。

感謝

　最後になりますが、
私がコンサルタントに転身した時、真っ先に契約くださった大澤仁史さま、
菖蒲亨さま。

　レギュラー講座枠をいち早くご提案くださった栗木博史さま。

　ライフワークとなりつつある大手コンサルティングファームの講座運営
を今日までサポートくださった関係者の皆さま。

　いつも私の励みになる道産子会の仲間たち。そして笹川祐子会長。

　毎週の定例会で情報交換する大切な同士たち。

　いつも私の活動をサポートしてくださる渡邊佑さん、熊谷要子さん。

　そして多くの協力先へ、積極的にブランディングを推薦される岩本真樹
さん。

　本書への事例提供を快諾いただいた山口里美さま、津田徹さま。

　そして本書の出版にのみならず、オンライン誌への出稿等、いつも私を
引っ張ってくれるライターの安倍季実子さん。

　全く私本位の出版を許諾いただき、無理難題を聞いてくださった、セル
バ出版の森忠順代表。コーディネイターの藤田大輔希さん。

　そして誰よりも私のロジックをご理解いただき、現在は当コンサルテ
ィングファームの代表を務める、ビジネスパートナーの戸田志穂さん。

　みなさまの協力なくしては、今日の活動はなく、この出版も当然実現し
なかったでしょう。

　たくさんのお陰さまに支えられ、今があります。

　本当に感謝しかありません。

　本書を手にした多くの方々が、共感ブランディングによって、
革新的で豊かな仕事と人生を達成することを祈念して。

　あとがきを終わらせていただきます。

松下一功

最新情報や、セミナー・サロン・講演の情報、コンサルティングの問い合わせは以下まで。

1. 松下一功ブランドデザイン研究所（松下一功で検索）
https://ikko-ca.jp/
お問い合わせメール：into@ikko-ca.jp

2. 公式 LINE

3. YouTube　松下一功 公式チャンネル

4. 株式会社 SKY PHILOSOPHY

https://skyphilosophy.jp/

著者略歴

松下　一功（まつした　いっこう）

経営コンサルタント、共感ブランディングの提唱者。
北海道生まれ、名古屋育ち、拠点は東京。広告デザイナーだっ
た父の影響で幼少の頃からデザイナーを目指すが、芸術一家
の中で絵が下手だった劣等感から、学生時代はデザイン論を
主体に学ぶ。
広告業界で一度はデザイナーを務めるも、むしろ手がけた企
画書やコンセプトワークが高く評価され独立。
自動車メーカーのブランド戦略と VI、広告審査やコンサルティ
ング、アメリカ先端流通インストアプロモーションの視察レ
ポーティングと応用等、数々の大型プロジェクトを手がける。
リーマンショックや震災による顧客や自社の経営危機を、
幾度かブランド戦略で乗り越えた壮絶な経験を活かし、現在は「真のブランディングを世
に伝える」専門家として、講演、セミナー、経営塾講師として活動。
元グラフィックデザイナーという異色の経歴でありながら、経営コンサルタントとして、
年間 300 以上の経営者ミーティングをこなす。

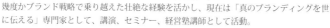

図解で実践するブランド戦略
共感ブランディング®ドリル

2023年 12 月 1 日 初版発行　　2024年 1 月 23 日 第 2 刷発行

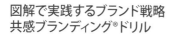

著　者	松下　一功　© Ikko Matsushita
発行人	森　　忠順
発行所	株式会社 セルバ出版
	〒 113-0034
	東京都文京区湯島 1 丁目 12 番 6 号 高関ビル 5 B
	☎ 03（5812）1178　　FAX 03（5812）1188
	https://seluba.co.jp/
発　売	株式会社 三省堂書店／創英社
	〒 101-0051
	東京都千代田区神田神保町 1 丁目 1 番地
	☎ 03（3291）2295　　FAX 03（3292）7687

印刷・製本　株式会社 丸井工文社

Printed in JAPAN
ISBN978-4-86367-861-3